Dresdner Schriften zum Bürgerentscheid

Band 7

Herausgegeben von Dr. Peter Neumann

Direktor des Deutschen Instituts für Sachunmittelbare Demokratie (DISUD)

Christopher A. Schmidt | Peter Neumann [Hrsg.]

Bürgerbegehren und Bürgerentscheid in Ludwigsburg – 1981 bis 2020

Onlineversion
Nomos eLibrary

Die Deutsche Nationalbibliothek verzeichnet diese Publikation in der Deutschen Nationalbibliografie; detaillierte bibliografische Daten sind im Internet über http://dnb.d-nb.de abrufbar.

ISBN 978-3-8487-8800-2 (Print)

ISBN 978-3-7489-3441-7 (ePDF)

1. Auflage 2022

Grußwort des Oberbürgermeisters der Kreisstadt Ludwigsburg

Bürgerbegehren und Bürgerentscheide sind in kommunalpolitischen Fragen wichtige Instrumente, die neben weiteren formellen und informellen Formen der Partizipation die repräsentative Demokratie produktiv ergänzen können. Bürgerbegehren und Bürgerentscheide können hierbei in besonders strittigen Fragen der kommunalen Entwicklung zu mehr Klarheit und der Gangbarkeit nächster Schritte beitragen. In Ludwigsburg kam das Instrument des Bürgerentscheides im Zeitraum zwischen 1972 und heute zweimal zum Einsatz, zum einen bei der Entscheidung über den Bau des Forums am Schlosspark, zum anderen bei der Frage der Gestaltung der Wilhelmstraße.

Der intensive „Trialog" zwischen der Stadtverwaltung, dem Gemeinderat und der Stadtgesellschaft stellt für unsere nachhaltige und integrierte Stadtentwicklung in Ludwigsburg bereits seit 2015 eine wesentliche Basis dar. Hierfür nutzen wir zusätzlich zu gesetzlich vorgeschriebenen formellen Instrumenten der Beteiligung eine große Vielfalt an informellen Beteiligungsmöglichkeiten. In unseren kontinuierlichen Stadt(teil)entwicklungsprozessen oder der Kinder- und Jugendbeteiligung spielen hier neben anlassbezogenen Formaten anlassfreie Angebote eine nicht zu unterschätzende Rolle für den fortwährenden Trialog.

Zentraler Ankerpunkt ist für uns dabei unsere Beteiligungsplattform MeinLB. Hier können sich Bürgerinnen und Bürger über aktuelle Beteiligungsangebote und Projekte der Stadtentwicklung informieren und im Falle von Online-Beteiligungsmöglichkeiten direkt einbringen. Gerade in Pandemiezeiten und der steigenden Bedeutung von Online-Angeboten hat sich die Plattform als wichtiges „Kommunikations-Werkzeug" erwiesen, den Zugang zu Beteiligungsangeboten auszubauen und die Erprobung neuer Formate zu unterstützen. So arbeiten wir etwa daran, zufällig per Losverfahren ausgewählte Bürgerinnen und Bürger in die Stadtentwicklung miteinzubeziehen und planen beispielweise für 2022 einen Bürgerworkshop in Anlehnung an die Methode Zukunftswerkstatt.

Als nächstes ist es mir ein großes Anliegen, unsere vielfältigen Aktivitäten in Leitlinien für die Bürgerbeteiligung zu bündeln.

Die Dokumentation der Ludwigsburger Bürgerbegehren und Bürgerentscheide in der Schriftenreihe „Dresdner Schriften zum Bürgerentscheid" ehrt uns. Hierfür danke ich herzlich dem Direktor des „Deutschen Institut für Sachunmittelbare Demokratie" an der Technischen Universität Dresden (DISUD an der TUD) *Dr. Peter Neumann* sowie dem stellvertretenden Direktor *Prof. Dr. Christopher Schmidt.* Ebenso gilt mein Dank unserem Stadtarchiv und dessen Leiter *Simon Karzel* für die Unterstützung der Studierenden aus Esslingen bei den Recherchen.

Ihr
Dr. Matthias Knecht

Vorwort zur Reihe

Bürgerbegehren und Bürgerentscheid sind Elemente der unmittelbaren bzw. direkten Demokratie.

Im Gegensatz zu den unmittelbaren Wahlen, bei denen das personelle Moment überwiegt, steht bei unmittelbaren Abstimmungen - wie bei Bürgerentscheiden - die Sachentscheidung im Vordergrund.

Seit Anfang bzw. Mitte der 90er Jahre haben Bürgerbegehren und Bürgerentscheid in der kommunalen Praxis der Bundesrepublik Deutschland eine enorme Bedeutung für die Entwicklung in den Kommunen erhalten.[1]

Dies ist nicht verwunderlich, da sich der Normenbestand in den Kommunalverfassungen der Bundesländer sehr verändert hat. Folge dieser Entwicklung war bzw. ist die gestiegene Anzahl angestrebter, initiierter und durchgeführter Bürgerbegehren und Bürgerentscheide.

Das Deutsche Institut für Sachunmittelbare Demokratie (DISUD) betreibt eine Datensammlung und trägt immer umfangreichere Daten zu Bürgerbegehren und Bürgerentscheiden in einem Archiv zusammen. Diese werden ergänzt durch eine Sammlung von Urteilen deutscher Gerichte zu Bürgerbegehren und Bürgerentscheiden. Zwar wird eine umfangreiche und möglichst vollständige Erfassung angestrebt, zum gegenwärtigen Zeitpunkt ist eine vollständige Darstellung aber noch nicht möglich.

Dieser unbefriedigende Befund und die Tatsache, dass dennoch bereits Material in enormem Umfang bereitsteht, war Motivation genug, jungen Wissenschaftlern die Darstellung von Bürgerbegehren und Bürgerentscheiden anzuvertrauen, die in einem bestimmten regionalen Raum erörtert, begonnen und bzw. oder durchgeführt wurden.

Mit den „*Dresdner Schriften zum Bürgerentscheid*“ (DSB) werden diese Darstellungen der breiteren Öffentlichkeit zur Verfügung gestellt. Gleichzeitig wird die Datensammlung des DISUD durch neue Informationen zu den Bürgerbegehren ergänzt, die in der Schriftenreihe dargestellt werden.

Die Reihe wendet sich nicht nur an Wissenschaftler, sondern vermittelt zugleich dem der jeweiligen Region verbundenen Leser einen Eindruck über die örtlichen Initiativen. So darf jeder Band der Schriftenreihe auch den jeweiligen Kommunen und all jenen, die an deren Geschichte interessiert sind, als Dokumentation dienen.

---

1 Vgl. dazu Neumann, in: Hdb.d.komm.WuP, S. 253 ff.

Mittelbar wird man die Nutzung der Instrumente Bürgerbegehren und Bürgerentscheid aufgrund der vorgelegten Dokumentationen vergleichen können. So wird das oben skizzierte Defizit zwar nicht beseitigt, aber Eindrücke über die Praxis in den Kommunen der Bundesrepublik lassen sich gewinnen. Zumindest werden die örtlichen Konflikte und Fragestellungen bei Durchsicht der Schriften wieder lebendig und mögen den geneigten - vor allem aber den ortskundigen - Lesern in der Rücksicht eine Einschätzung erlauben, ob die getroffenen bzw. nicht getroffenen Entscheidungen für die Kommune fruchtbringend waren oder nicht.

Unser Dank gilt insoweit auch der Nomos-Verlagsgesellschaft, die dieses Konzept mitträgt und nunmehr zwei Schriftenreihen in Zusammenarbeit mit dem DISUD veröffentlicht.

Dresden, im März 2022

Dr. Peter Neumann
Institutsdirektor

Abkürzungsverzeichnis

Abs.	Absatz
ADFC	Allgemeiner Deutscher Fahrradclub
Alt.	Alternative
Art.	Artikel
Bb.	Bürgerbegehren
Bek.	Bekanntmachung
Best.	Bestand
BGB	Bürgerliches Gesetzbuch
BW	Baden-Württemberg
bzw.	beziehungsweise
CDU	Christlich Demokratische Union Deutschlands
d.	des, der
d.h.	das heißt
DM	Deutsche Mark
Drs.	Drucksache
DVBl	Deutsches Verwaltungsblatt (Zeitschrift)
f.	folgend(e)
FDP/F.D.P.	Freie Demokratische Partei
ff.	fortfolgend(e)
GBl.	Gesetzblatt
GemO	Gemeindeordnung
GG	Grundgesetz
ggf.	gegebenenfalls
Grüne	Bündnis 90/Die Grünen (bis 1993: Die Grünen)
Hs.	Halbsatz

i.d.F.	in der Fassung
i.d.R.	in der Regel
IHK	Industrie- und Handelskammer
i.S.d.	im Sinne der/des
i.S.v.	im Sinne von
KomWG	Kommunalwahlgesetz
LT	Landtag
lt.	laut
m	Meter
Mio.	Million(en)
m.w.N.	mit weiteren Nachweisen
NABU	Naturschutzbund Deutschland e.V.
NJW	Neue Juristische Wochenschrift (Zeitschrift)
Nr.	Nummer
NVwZ	Neue Zeitschrift für Verwaltungsrecht (Zeitschrift)
ÖPNV	Öffentlicher Personennahverkehr
Rb.	Ratsbegehren
REP	Die Republikaner
Rn.	Randnummer
S.	Satz, Seite
s.	siehe
sog.	sogenannt(e/er/es)
SPD	Sozialdemokratische Partei Deutschlands
TOP	Tagesordnungspunkt
u.a.	unter anderem
usw.	und so weiter

v.	vom, von
v.a.	vor allem
VBlBW	Verwaltungsblätter für Baden-Württemberg (Zeitschrift)
VCD	Verkehrsclub Deutschland
VG	Verwaltungsgericht
VGH	Verwaltungsgerichtshof
vgl.	vergleiche
v.H.	vom Hundert
Vorb.	Vorbemerkung
VwV	Verwaltungsvorschrift
VwVfG	Verwaltungsverfahrensgesetz
z.B.	zum Beispiel
Ziff.	Ziffer

Inhaltsverzeichnis

1. Einleitung

Seit 1981 kennt die Kreisstadt Ludwigsburg Bürgerbegehren in der kommunalen Praxis. Außer im Südweststaat sollten entsprechende Möglichkeiten sachunmittelbarer Demokratie erst Jahrzehnte später eingeführt werden.

In dem vorliegenden Band werden alle Anwendungsfälle[2] von Bürger- und Ratsbegehren dargestellt. Dabei wird auch auf solche Verfahren eingegangen, die nicht über das Planungs- bzw. Ankündigungsstadium hinausgekommen sind. Denn bereits durch die Ankündigung eines Bürgerbegehrens kann (mittelbar) Folgen bewirken, etwa, wenn die Gemeindevertretung einem angekündigten Bürgerbegehren durch einen eigenen Beschluss vorwegkommt.[3]

Entstanden ist die Arbeit im Rahmen eines Seminars an der Hochschule Esslingen im Wintersemester 2021/22.

Dem Deutschen Institut für Sachunmittelbare Demokratie (DISUD) und seinem Direktor, Herrn Rechtsanwalt *Dr. Peter Neumann*, sind die Autoren in mehrfacher Weise zu Dank verpflichtet: zum einen für die Aufnahme des Bandes in die Reihe „Dresdner Schriften zum Bürgerentscheid", zum anderen dafür, dass die Tübinger Verfahren nun Bestandteil der umfassenden Bürgerbegehrens-Datenbank des DISUD sind: Tübingen ist nach Delmenhorst, Dresden, Stuttgart und Freiberg[4] die fünfte Stadt, für die dort umfangreiche Informationen zu allen Bürgerbegehren vorliegen.

Zu danken haben die Verfasser weiter der Stadtverwaltung für ihre Mithilfe, und zwar insbesondere dem dortigen Stadtarchiv.

---

2 Die Datenbank Bürgerbegehren der Bergischen Universität Wuppertal (http://www.datenbank-buergerbegehren.info) nennt zusätzlich ein Bürgerbegehren aus dem Jahr 2012 („Für den Erhalt des gesamten Spiel- und Bolzplatzes Möglinger Straße/Schäferstraße"). Eine Recherche von Stud. David Wanner ergab jedoch, dass dieses nicht die Stadt Ludwigsburg, sondern die Gemeinde Asperg betroffen hat, vgl. Amtsblatt der Stadt Asperg v. 5.7.2012, S. 5 f.

3 Schmidt, S. 30; Witte, S. 26.

4 Zu Delmenhorst vgl. Müller, S. 11 ff., zu Dresden vgl. Zylla, S. 11 ff.; zu Stuttgart vgl. Schmidt, Stuttgart, S. 35 ff., zu Freiberg vgl. Schmidt, Freiberg, S. 33 ff., zu Tübingen vgl. Schmidt, Tübingen, S. 31 ff.

2. Sachunmittelbare Demokratie im Gemeindeverfassungsrecht Baden-Württembergs

Christopher A. Schmidt

Nach dem Ende des Krieges und der Gründung des Südweststaats war Baden-Württemberg das erste und lange Zeit einzige Land im Westen Deutschlands, das Einrichtungen sachunmittelbarer Demokratie für seine Städte und Gemeinden vorsah.[5] Denn seit 1956 waren dort Bürgerbegehren und Bürgerentscheid in der Gemeindeordnung geregelt.[6]

Doch nicht nur in der Praxis, auch in der Wissenschaft fanden die Regelungen sachunmittelbarer Demokratie, die in Baden-Württemberg bestanden, Beachtung.[7] Damit hatten sie zugleich Vorbildcharakter für andere Länder.[8]

2.1 Terminologie

Allgemein lassen sich Elemente sachunmittelbarer Demokratie[9] in Abgrenzung zur repräsentativen Demokratie als direkte Volksentscheidungen in der Sache beschreiben. Darunter fallen auch die unmittelbare

---

5 Im Osten Deutschlands kam es mit der sog. Demokratischen Gemeindeordnung für die sowjetische Besatzungszone v. 14.09.1946 zu Regelungen des Auflösungs- und allgemeinen Sachbegehrens. Diese hatten freilich nur Alibifunktion (vgl. dazu Schmidt, S. 251; Hernekamp, S. 319; Witte, S. 215 f.; Engeli/Haus, S. 730). Zur weiteren Entwicklung vgl. Neumann, in: Hdb.d.komm.WuP, Rn. 8 ff.

6 GBl. 1955, S. 129 ff. Zur Praxis vgl. Waibel, Rn. 210; Holtkamp, S. 114.

7 Vgl. Beilharz, S. 17 ff.; Ardelt/Seeger, in: K/M, S. 91 ff.; Seeger, ZParl 1998, S. 516 ff.; Gönnenwein, S. 304 ff.; Gerstein, S 249 ff.; Ziegler, S. 198 ff.; Kromer, DVBl 1985, S. 143, 147 ff.; Bocklet, Der Bürger im Staat 1975, S. 49 ff.

8 Vgl. Schliesky, Vorb. zu §§ 16a ff., Anm. 2; Wollmann, S. 107; Ipsen, Rn. 300; Dreßler, S. 144; Wehling, S. 28. Zum Anwendungsausmaß vgl. Haußmann, Monatshefte 2012, S. 192, 193 ff.

9 Zum Begriff vgl. Neumann, Rn. 215, der zu Recht darauf hinweist, dass es sich gem. Art. 20 Abs. 2 S. 2 GG auch bei Wahlen um eine Form unmittelbarer Volksentscheidung handele, so dass eine Differenzierung zwischen personal- und sachunmittelbarer Demokratie sachgerecht erscheine. Von anderen Autoren werden allerdings noch immer die Begriffe der direkten, unmittelbaren oder plebiszitären Demokratie gebraucht, vgl. Dreier/Wittreck, S. 13.

Sachentscheidsmöglichkeiten eröffnenden Einrichtungen der Versammlungsdemokratie.[10]

Nicht der sach-, sondern der personalunmittelbaren Demokratie zugehörig sind dagegen Wahlentscheidungen, sei es mit Blick auf Kollegialorgane oder die Direktwahl von Bürgermeistern. Denn diese sind notwendige Voraussetzung repräsentativer Demokratie.[11]

Lenkt man den Blick auf die bereits in § 21 GemO 1955 legal definierten Begriffe des Bürgerbegehrens bzw. -entscheids, so lassen sich diese zunächst von Volksbegehren und -entscheiden abgrenzen. Insoweit ist heute üblich, von Volksbegehren (-entscheiden bzw. -abstimmungen) auf der Gesamtstaats- bzw. Länderebene zu sprechen, während der Begriff der Bürgerbegehren (-entscheide bzw. -abstimmungen) der kommunalen Ebene vorbehalten ist.[12] In den Gemeinden wird auch von Gemeindebegehren oder Gemeindebürgerentscheiden gesprochen.[13]

Als „Entscheid" bezeichnet man dabei die unmittelbare Sachentscheidung der Bürger in im Übrigen repräsentativ ausgestalteten Systemen, also außerhalb der Versammlungsdemokratie. Das entspricht der Definition in § 21 Abs. 1 S. 1 GemO 195, sagt aber noch nichts darüber aus, auf wessen Initiative es zu der unmittelbaren Sachentscheidung kommt.

Insoweit kann zwischen Bürger- und Ratsbegehren unterschieden werden. Ein Bürgerbegehren liegt nach § 21 Abs. 3 S. 1 GemO 1955 vor, wenn die Bürgerschaft (gemeint ist: ein qualifizierter Anteil derselben) einen Bürgerentscheid beantragt, während der Bürgerentscheid beim Ratsbegehren auf einen Beschluss des Gemeinderats zurückgeht.[14]

Zuletzt ist eine Differenzierung danach möglich, ob mit dem Abstimmungsbegehren eine initiative oder eine reaktive Zielsetzung verfolgt wird. Entsprechend kann von Initiativen und Referenden bzw. kassatorischen (reaktiven) Begehren gesprochen werden. Dabei liegt bei den fakultativen bzw. obligatorischen Referenden bereits eine Entscheidung über den nun

---

10 Diese waren in § 28 Abs. 3 GemO 1955 fakultativ für Gemeinden mit nicht mehr als 200 Einwohnern vorgesehen. Heute bestehen Gemeindeversammlungen nur noch in Schleswig-Holstein. Vgl. zur Gemeindeversammlung auch Ante, S. 87 f.

11 Schmidt, S. 34 f.; vgl. auch Schiller, S. 13; Hendler, Der Landkreis 1995, 321, 321 f.; a.A. wohl Stiel, S. 20 ff.; zu Mischformen vgl. Schmidt, S. 35; Engeli, AfS 1985, 299, 303; Detjen, S. 57.

12 Vgl. Ritgen NVwZ 2000, 129; Schroeder, S. 7.

13 Schmidt, S. 35; Ritgen, S. 118; Kühne, in: K/M, S. 17 f. m.w.N.

14 Zum Begriff vgl. Mann, S. 80; Herbel, S. 214; Schmidt, S. 38; zur Manipulierbarkeit von Ratsbegehren vgl. Schmidt, S. 38; Schiller, S. 14, 74; Paust, S. 34.

der Bürgerschaft vorzulegenden Gegenstand vor, die durch diese bestätigt oder aufgehoben werden kann.[15]

2.2 Vorläuferregelungen

Während die Länder Württemberg-Baden, Baden bzw. Württemberg-Hohenzollern als Vorgängerstaaten Baden-Württembergs Einrichtungen sachunmittelbarer Demokratie nicht in ihr Gemeindeverfassungsrecht aufgenommen hatten, finden sich ein auf vorzeitige Auflösung des Bürgerausschusses gerichtetes Bürgerbegehren sowie ein entsprechender Bürgerentscheid auf Anordnung des Ministeriums des Innern in § 77 der badischen Gemeindeordnung v. 5.10.1921.[16]

Für dieses sog. Auflösungsbegehren war gem. § 77 Abs. 1 S. 1 GemO 1921 der Antrag eines Drittels der bei der letzten Gemeindeverordnetenwahl Wahlberechtigten erforderlich. Erfolg im Sinne der Antragsteller hatte der sich anschließende Bürgerentscheid, wenn mehr als die Hälfte aller Wahlberechtigten der Auflösung des Bürgerausschusses zustimmte. Die Neuwahl der Gemeindeverordneten hatte in diesem Fall gem. Abs. 5 binnen drei Monaten stattzufinden und war vom Ministerium des Innern zu veranlassen, das auch die für die Weiterverwaltung der Gemeinde in der Zwischenzeit erforderliche Anordnung zu treffen hatte.

Weitere Bestimmungen über das Verfahren enthielt die Gemeindewahlordnung v. 30.3.1922.[17] Eine Besonderheit, auch im Vergleich zu den anderen mittel- und süddeutschen Ländern, die Einrichtungen sachunmittelbarer Gemeindedemokratie kannten,[18] war insoweit, dass keine freie Unterschriftensammlung vorgesehen war: Vielmehr hatten die Antragsteller ihr Begehren öffentlich bekannt zu machen, verbunden mit der Aufforderung, binnen einer bestimmten, höchstens dreimonatigen Frist die Zustimmung hierzu bei der Gemeinde zu erklären.

Dass über Auflösungsbegehren und Auflösungsentscheid hinaus keine Einrichtungen sachunmittelbarer Demokratie vorgesehen waren, ging bereits auf den Entwurf der Gemeindeordnung zurück. In dessen Begründung hieß es:

> „[...] In den übrigen Gemeinden ist eine unmittelbare Mitwirkung der Einwohnerschaft als solcher bei der Willensbildung der Körperschaft, wie sie durch

---

15 Vgl. bereits Curtius, S. 5; Kühne, in: K/M, S. 17, 20; Schmidt, S. 36.

16 GVBl. 1922, S. 183 ff.

17 GVBl. 1922, S. 237 ff.

18 Schmidt, S. 90.

> Volksvorschlagsrecht (Volksinitiative) und Volksabstimmung (Volksreferendum) erfolgen könnte, nicht vorgesehen. Für die Aufnahme derartiger Einrichtungen sprach zwar das demokratische Prinzip, das möglichst weitgehende unmittelbare Beteiligung des Volkes an der Willensbildung und Verwaltung der Körperschaft fordert, und die grundsätzlich wünschenswerte Anlehnung der Gemeindeverfassung an die Verfassungen des Reiches und des Landes.
>
> Die dagegen sprechenden Gründe überwogen jedoch. Die Verfassung des Deutschen Reiches (Artikel 73) beschränkt das Volksbegehren und den Volksentscheid ausdrücklich auf die Akte der Gesetzgebung. [...] Im Gegensatz zu diesen Anwendungsgebieten des Volksbegehrens und Volksentscheids in Reich und Land, handelt es sich bei den Entschließungen der Gemeinde regelmäßig nicht um Akte der Gesetzgebung, sondern um Verwaltungshandlungen, die an Bedeutung und Wichtigkeit für die Gesamtheit weit hinter den großen, grundlegenden Fragen der Gesetzgebung zurückstehen. Dazu kommt, daß es zwar jedem einzelnen möglich ist, zu großen, grundlegenden Fragen nach seiner Weltanschauung und Parteizugehörigkeit Stellung zu nehmen, daß aber Akte der Verwaltung genaue Orientierung über mannigfache Unterlagen verlangen, die der Gesamtheit der Bevölkerung [...] nicht zur Verfügung stehen [...]. [...]"[19]

Fraglich ist, ob mit Blick auf die während der Weimarer Zeit vorgesehenen Möglichkeiten sachunmittelbarer Demokratie von einem Zusammenhang mit der Einführung entsprechender Volksrechte im Jahr 1955 auszugehen ist. Dagegen dürften freilich die anders als z.B. in Bayern eher geringe Anwendungspraxis vor dem Krieg,[20] die unterschiedliche Ausgestaltung als allgemeines Sach- bzw. Auflösungsbegehren und nicht zuletzt der Umstand sprechen, dass die Vorgängerstaaten Baden-Württembergs nach 1945 Bürgerbegehren und Bürgerentscheid nicht kannten. Ebenso möglich wie eine Kontinuität der deutschen Verwaltungsgeschichte erscheint daher ein Einfluss der geographischen Nähe zur Schweiz.[21]

2.3 Gemeindeordnung 1955

Die GemO 1955 regelte in § 21 zunächst den Anwendungsbereich von Bürger- und Ratsbegehren sowie die formellen Voraussetzungen eines

19 Drs. d. Bad. Landtags, Heft 529, Beilage 88 (S. 355 f.).

20 Bekannt sind aus der Weimarer Zeit nur sechs Auflösungsbegehren. Hierbei handelt es sich um Fälle in den Gemeinden Nordrach (1924), Oos (1927), Ötigheim (1931), Hohenwettersbach (1931 und 1932) sowie Herbolzheim (1932). Vgl. dazu auch Schmidt, S. 92 und 297; Schmidt, in: N/R, S. 91; Greene, S. 150.

21 Dazu vgl. Bützer, S. 1 ff.; Christmann, S. 166 f.

zulässigen Bürgerbegehrens. Daneben finden sich Bestimmungen zu Durchführung und Wirkung des Bürgerentscheids.[22]

Ergänzende Regelungen waren nach § 21 Abs. 8 GemO 1955 dem KomWG vorbehalten. Insoweit kann auf den dort mit Gesetz v. 13.7.1956[23] eingefügten Art. 35 Bezug genommen werden.

2.3.1 Sachlicher Anwendungsbereich

Der sachliche Anwendungsbereich von Bürger- bzw. Ratsbegehren wurde durch einen Positivkatalog in § 21 Abs. 1 S. 2 einschließlich einer Öffnungsklausel in Abs. 1 S. 3 und einen Negativkatalog in § 21 Abs. 2 GemO 1955 bestimmt.

2.3.1.1 Positivkatalog

Nach § 21 Abs. 1 S. 1, Abs. 3 S. 1 GemO 1955 waren Bürgerentscheide nur in wichtigen Gemeindeangelegenheiten statthaft. Solche wichtigen Angelegenheiten waren nach Abs. 1 S. 2

- die Entscheidung über die Errichtung bzw. wesentliche Erweiterung einer öffentlichen Einrichtung, die der Gesamtheit der Einwohner zu dienen bestimmt ist,
- die Änderung der Verfassungsform der Gemeinde sowie
- die Vereinbarung über die Bildung einer Bürgermeisterei.

Öffentliche Einrichtungen konnten dabei ebenso Infrastruktureinrichtungen (z.B. Wasserversorgung, Verkehrsbetriebe) wie Freizeit-, Sport- und kulturelle Einrichtungen (z.B. Sport- oder Festhalle, Bücherei, Theater) sein.

Was die Verfassungsform der Gemeinde anbelangte, sah § 23 Abs. 1 GemO 1955 grundsätzlich eine Gemeinderatsverfassung vor, nach der mit Gemeinderat und Bürgermeister zwei Gemeindeorgane bestanden. Möglich war jedoch in Gemeinden mit bis zu 200 Einwohnern gem. § 23 Abs. 3 GemO 1955 durch die Hauptsatzung zu bestimmen, dass eine Gemeindeversammlung an die Stelle des Gemeinderats treten sollte. In Gemeinden mit mehr als 3.000 Einwohnern konnte gem. § 23 Abs. 2 neben

22 Zur Entstehungsgeschichte von § 21 GemO 1955 vgl. Ardelt, in: K/M, S. 91, 93 ff.; Ardelt, S. 100 ff.

23 GBl. 1956, S. 111 ff.

Bürgermeister und Gemeinderat ein Bürgerausschuss als Zustimmungsorgan bestellt werden (sog. Bürgerausschussverfassung).[24]

Hinsichtlich der Bildung einer Bürgermeisterei durch benachbarte Gemeinden desselben Landkreises, die der Stärkung der Verwaltungskraft kleinerer Gemeinden dienen sollte und in § 74 GemO 1955 vorgesehen war, sah dessen Abs. 1 S. 2 über § 21 Abs. 1 S. 2 Nr. 3 hinaus einen zwingenden Bürgerentscheid vor. Hierbei handelte es sich um ein obligatorisches Referendum.

2.3.1.2 Öffnungsklausel

Eine Möglichkeit, den Anwendungsbereich von Bürgerentscheiden auszuweiten, bot die Öffnungsklausel des § 21 Abs. 1 S. 3 GemO 1955, nach der durch die Hauptsatzung bestimmt werden konnte, was über den gesetzlichen Positivkatalog hinaus als wichtige Gemeindeangelegenheit gelten sollte. Voraussetzung einer solchen Regelung war nach der Rechtsprechung, dass die betreffende Sache eine gewisse Bedeutung hatte, was sich nach ihrem Einfluss auf das Gemeinschaftsleben bestimmte.[25] Nicht möglich war, die Ausweitung ihrerseits durch Bürgerbegehren und -entscheid zu erzwingen, weil die Hauptsatzung selbst nicht dem Positivkatalog unterfiel.[26]

2.3.1.3 Negativkatalog

Weiter eingeschränkt wurde der Anwendungsbereich von Bürger- bzw. Ratsbegehren durch einen Negativkatalog in § 21 Abs. 2 GemO 1955.

Danach fand ein Bürgerentscheid nicht statt über

- Weisungsaufgaben und sonstige Angelegenheiten, die kraft Gesetzes dem Bürgermeister obliegen,
- die Organisation der Gemeindeverwaltung,

---

24 Dazu vgl. Ardelt, S. 227 ff.

25 VGH BW, NVwZ 1985, S. 288; Gern, Rn. 322. Die Verfahren zur Änderung der Hauptsatzung selbst sind keine Anwendungsfälle sachunmittelbarer Demokratie, sondern dienten lediglich deren Vorbereitung (so z.B. Antrag der Gemeinderatsfraktion der Grünen Nr. 397/1989 v. 28.8.1989 in Bezug auf die Olympiabewerbung 2004, vgl. Vorgänge im Stadtarchiv Stuttgart, Best. 19/1 Nr. 3702.

26 Zu Beispielen für eine mögliche Öffnung vgl. Kunze/Bronner/Katz, § 21 Erl. I. 3. b). Allerdings dürfte von der Öffnungsklausel nur zurückhaltend Gebrauch gemacht worden sein, vgl. Ardelt, S. 225.

- die Rechtsverhältnisse der Gemeinderäte und -verordneten, des Bürgermeisters und der Bediensteten,
- die Haushaltssatzung einschließlich der Wirtschaftspläne von Eigenbetrieben,
- Steuern, sonstige Gemeindeabgaben sowie die Tarife der Versorgungs- und Verkehrsbetriebe,
- die Anerkennung der Jahresrechnung der Gemeinde sowie der Abschlüsse von Eigenbetrieben,
- Entscheidungen in Rechtsmittelverfahren sowie über
- Anträge, die ein rechtswidriges Ziel verfolgen.

Dabei war ein Ausschluss aufgrund des Negativkatalogs jedoch nur dann gegeben, wenn der Bürgerentscheid unmittelbar z.B. die Einstellung neuer Mitarbeiter zum Inhalt gehabt hätte, nicht jedoch, wenn dies lediglich mittelbare Folge etwa der Errichtung einer neuen öffentlichen Einrichtung gewesen wäre.

2.3.2 Bürgerbegehren

Das Bürgerbegehren wurde durch § 21 Abs. 3, 4 GemO 1955 geregelt und durch Abs. 3 S. 1 legal definiert. Folge eines wirksamen Bürgerbegehrens war, dass vorbehaltlich einer nach Abs. 4 S. 2 möglichen Abhilfe ein Bürgerentscheid durchzuführen war.

2.3.2.1 Form und Unterstützungsquorum

Hinsichtlich der Form sah § 21 Abs. 3 S. 3 GemO 1955 vor, dass das Bürgerbegehren die den Gemeindebürgern im Bürgerentscheid vorzulegende Frage, eine Begründung sowie einen rechtmäßigen Kostendeckungsvorschlag enthalten musste.[27]

Weiter war die Unterstützung durch einen qualifizierten Anteil der Bürgerschaft erforderlich, der sich nach der Gemeindegröße richtete, § 21 Abs. 3 S. 2 GemO 1955. So waren in Gemeinden von bis zu 40.000 Einwohnern die Unterschriften eines Viertels der Bürger, höchstens jedoch 4.000 Unterstützer, in Gemeinden mit mehr als 40.000 Einwohnern die Unterschriften

27 Zu den Anforderungen an den Kostendeckungsvorschlag vgl. Aker/Hafner/Notheis-Aker, § 21 Rn. 9.

eines Zehntels der Bürger, höchstens jedoch 30.000 Unterstützer erforderlich.[28]

2.3.2.2 Frist

Hinsichtlich der Frist war zu unterscheiden zwischen initiativen und reaktiven Bürgerbegehren. Während letztere gem. § 21 Abs. 3 S. 4 GemO 1955 fristgebunden waren, bestand eine Frist für Initiativen nicht. Die Frist galt jedoch auch dann, wenn sich das ursprüngliche Begehren zwar nicht auf einen Ratsbeschluss bezogen hat, ein solcher Beschluss aber etwa während der Sammlung der Unterstützungsunterschriften ergangen war.[29] Unerheblich war weiter, ob der Ratsbeschluss durch das Begehren ausdrücklich genannt wurde.[30]

Die Dauer der Frist betrug vier Wochen ab Bekanntgabe des Beschlusses. Innerhalb dieser Zeit musste das Begehren „gültig zustande gekommen sein", also einschließlich der erforderlichen Unterstützungsunterschriften vorliegen.

Für die Bekanntgabe genügte dabei, dass die Öffentlichkeit die Möglichkeit hatte, vom Inhalt des Beschlusses Kenntnis zu nehmen, z.B. aus der Presseberichterstattung.[31]

2.3.2.3 Zulässigkeitsprüfung

Über die Zulässigkeit des Bürgerbegehrens hatte nach § 21 Abs. 4 S. 1 GemO 1955 der Gemeinderat zu entscheiden. Dabei handelte es sich um eine gebundene Entscheidung. Zu prüfen war, ob das Bürgerbegehren einen

---

28 Zur Unterscheidung zwischen Einwohnern und Bürgern vgl. § 10 Abs. 1 sowie § 12 GemO 1955. Danach war Einwohner, wer in der Gemeinde wohnt, während das Bürgerrecht grundsätzlich voraussetzte, dass es sich um Deutsche i.S.v. Art. 116 GG handelte, diese das 21. Lebensjahr vollendet, die bürgerlichen Ehrenrechte nicht verloren und seit mindestens einem Jahr ihren (Haupt-)Wohnsitz in der Gemeinde hatten. Zur Widersprüchlichkeit, dass in Gemeinden mit mehr als 40.000 Einwohnern teilweise weniger Unterschriften als in kleineren Gemeinden erforderlich waren vgl. Kunze/Bronner/Katz, § 21 Erl. III. 2. b.

29 Herbel, S. 163; Spies, S. 180; Ritgen, S. 127; Fischer, NWVBl. 1995, S. 366, 368.

30 So bereits VGH BW, NVwZ 1985, S. 288, 289; Schlüter, VBlBW 1987, S. 54, 56; Herbel, S. 164 m.w.N.

31 VGH BW, NVwZ 1985, S. 288, 289, Herbel, S. 165; zum Fristbeginn bei Großvorhaben vgl. Herbel, S. 165 ff.

zulässigen Gegenstand hatte, also der einschlägige Positiv- und Negativkatalog beachtet wurde, ob es der vorgeschriebenen Form genügte, insb. von einem hinreichenden Quorum unterstützt und im Falle des kassatorischen Begehrens die Frist von vier Wochen beachtet wurde.

2.3.2.4 Abhilfemöglichkeit

Der in diesem Fall durchzuführende Bürgerentscheid unterblieb nach § 21 Abs. 4 S. 2 GemO 1955 aber dann, wenn die im Bürgerbegehren beantragte Maßnahme von der Gemeinde durchgeführt wurde. Insoweit konnte von einer Möglichkeit zur Abhilfe durch den Gemeinderat gesprochen werden.

Allerdings genügte für eine solche Abhilfeentscheidung nicht, dass der Gemeinderat dem Bürgerbegehren lediglich im Wesentlichen entsprach oder unverbindliche Absichtserklärungen abgab.[32]

2.3.3 Ratsbegehren

Regelfall war nach der GemO 1955 allerdings nicht der aufgrund eines Bürgerbegehrens, sondern der auf Initiative des Gemeinderats durchgeführte Bürgerentscheid. Entsprechend regelte § 21 Abs. 1 S. 1, dass der Gemeinderat mit einer Mehrheit von zwei Dritteln der Stimmen aller Mitglieder[33] beschließen konnte, eine wichtige Gemeindeangelegenheit i.S.d. Abs. 1 S. 2 bzw. 3, die nicht dem Negativkatalog des Abs. 2 unterfiel, der Bürgerschaft zur Entscheidung vorzulegen.

Anders als das Bürgerbegehren bedurfte das Ratsbegehren weder einer Begründung noch eines Kostendeckungsvorschlags und war auch als kassatorisches Begehren nicht fristgebunden.[34]

Von der Möglichkeit eines Ratsbegehrens konnte selbst unter dem Eindruck eines bereits eingeleiteten Bürgerbegehrens Gebrauch gemacht werden, etwa um das Verfahren zu beschleunigen oder um aus politischen Gründen die Initiative zu übernehmen.

---

32 Herbel, S. 199; Burkhardt, S. 168 f.; Dustmann, S. 155 f.

33 Zum qualifizierten Mehrheitserfordernis vgl. Aker/Hafner/Notheis-Aker, § 21 Rn. 15.

34 Dustmann, S. 114; Herbel, S. 214.

2.3.4 Bürgerentscheid

Der durch § 21 Abs. 1 S. 1 GemO 1955 legal definierte Bürgerentscheid wurde durch Abs. 3 S. 5 sowie Abs. 5, 6 und 7 geregelt. Daneben fanden nach § 21 Abs. 8 GemO 1955 i.V.m. Art. 35 Abs. 1 KomWG 1956 auf den Bürgerentscheid die Bestimmungen für die Wahl des Bürgermeisters mit Ausnahme des Fünften Abschnitts entsprechende Anwendung.

2.3.4.1 Information der Bürgerschaft

Nach § 21 Abs. 5 war den Bürgern die innerhalb der Gemeindeorgane vertretene Auffassung darzulegen. Zweck der Regelung war, dass die Bürger die erforderlichen Kenntnisse haben sollten, um sich eine eigene Meinung zu bilden.[35] Zulässig sein sollte dementsprechend ebenso eine Information durch Bürgerversammlungen wie durch Postwurfsendungen oder entsprechende Pressearbeit.[36]

2.3.4.2 Abstimmungsmehrheit

Für einen im Sinne seiner Betreiber erfolgreichen Bürgerentscheid forderte § 1 Abs. 6 S. 1-3 GemO 1955 neben einer Mehrheit unter den Abstimmenden die Beteiligung von mindestens der Hälfte der Stimmberechtigten an der Abstimmung (sog. Abstimmungsmehrheit).[37]

Dies ist umso beachtlicher, als mit entsprechenden Mehrheitserfordernissen bereits während der Weimarer Zeit negative Erfahrungen gemacht wurden. Denn die Gegner des Bürgerbegehrens konnten durch eine auf Stimmenthaltung gerichtete Parole nicht nur das Stimmverhalten der Befürworter (wenigstens faktisch) öffentlich machen, sondern zugleich das Erreichen der geforderten Mehrheit erschweren.[38]

Eine Besonderheit war, dass dann, wenn das geforderte Abstimmungsquorum nicht erreicht wurde, die Abstimmungsmehrheit also an der Stimmbeteiligung scheiterte, nach Abs. 6 S. 4 der Gemeinderat die Angelegenheit

---

35 VGH BW, VBlBW 1964, S. 9, 11; Herbel, S. 201.

36 Herbel, S. 202 f. m.w.N.

37 Zum Begriff Schmidt, S. 40.

38 Vgl. dazu Schmidt, S. 240; Kühne, in: K/M, S. 17, 50; Przygode, S. 427 ff.; Schiller, S. 77.

zu entscheiden, mithin das Bürgerbegehren hilfsweise die Wirkung eines Bürgerantrags hatte.

2.3.4.3 Wirkung

Einem Bürgerentscheid, an dem sich die Mehrheit der Stimmberechtigten beteiligt hatte, kam nach § 21 Abs. 7 S. 1 GemO 1955 zunächst die Wirkung eines Beschlusses des Gemeinderats zu.

Damit eine Mehrheit im Gemeinderat allerdings nicht sogleich einen Änderungsbeschluss fassen konnte, sah das Gesetz in Abs. 7 S. 2 eine besondere Bindungswirkung vor, nach der ein Bürgerentscheid innerhalb von fünf Jahren nur durch erneuten Bürgerentscheid geändert werden konnte. Dieser Bürgerentscheid konnte freilich i.d.R. nur aufgrund eines Ratsbegehrens herbeigeführt werden. Denn nach § 21 Abs. 3 S. 5 GemO 1955 war ein Bürgerentscheid aufgrund eines Bürgerbegehrens zur Vermeidung häufiger Abstimmungen dann unzulässig, wenn über die betreffende Angelegenheit in den zurückliegenden fünf Jahren bereits ein Bürgerentscheid aufgrund eines Bürgerbegehrens durchgeführt worden war.

2.4 Wichtige Änderungen bis 2015

Wichtige Novellierungen stammen aus den Jahren 1975, 2005 und 2015. Diese betrafen v.a. den Anwendungsbereich von Bürger- bzw. Ratsbegehren, das für ein erfolgreiches Bürgerbegehren erforderliche Unterschriftenquorum, die Frist für kassatorische Bürgerbegehren sowie die Mehrheitserfordernisse beim Bürgerentscheid.

2.4.1 Gemeindeordnung 1975

Zu einer ersten größeren Reform sachunmittelbarer Gemeindedemokratie, durch die der Anwendungsbereich von Rats- bzw. Bürgerbegehren erweitert und die Hürden für Bürgerbegehren sowie für wirksame Bürgerentscheide gesenkt wurden, kam es 1975.[39]

So wurde der Positivkatalog, der hinsichtlich der Änderung der Verfassungsform der Gemeinde und der Einführung einer Bürgermeisterei bereits

39 GemO i.d.F. d. Bek. v. 22.12.1975 (GBl. 1976, S. 1 ff.).

zuvor gegenstandslos geworden war,[40] durch § 21 Abs. 1 S. 2 GemO 1975 ergänzt um

- die Änderung von Gemeinde- bzw. Landkreisgrenzen,
- die Einführung bzw. Aufhebung der unechten Teilortswahl nach § 27,
- der Bezirksverfassung nach §§ 64 ff. sowie
- der Ortschaftsverfassung nach §§ 67 ff.[41]

Das Unterschriftenquorum wurde durch § 21 Abs. 3 S. 5 GemO 1975 auf einheitlich 15 v.H. abgesenkt. Die Höchstzahl der erforderlichen Unterschriften wurde in Gemeinden mit bis zu 50.000 Einwohnern auf 3.000, in Gemeinden bis 100.000 Einwohner auf 6.000, in Gemeinden bis 200.000 Einwohner auf 12.000 sowie in Gemeinden über 200.000 Einwohner auf 24.000 festgesetzt.

Für einen Erfolg beim Bürgerbegehren genügte nach § 21 Abs. 6 S. 1 GemO 1975 anstelle der zuvor geforderten Abstimmungsmehrheit nun eine einfache Mehrheit, sofern mindestens 30 v.H. der Stimmberechtigten entsprechend votiert hatten. Dies führte dazu, dass eine auf Stimmboykott gerichtete Parole von Gegnern des Bürgerbegehrens[42] ihren Sinn verlor. Tatsächlich wurde aber auch das Quorum von 30 v.H. oft nicht erreicht.[43]

Die Frist der Bindungswirkung eines erfolgreichen Bürgerentscheids wurde durch § 21 Abs. 7 S. 2 GemO 1975 ebenso wie die Sperrfrist eines erfolgreichen Bürgerbegehrens für neue Bürgerbegehren nach Abs. 3 S. 2 von fünf auf drei Jahre abgesenkt.

2.4.2 Gemeindeordnung 2005

Nachdem bereits 1998 eine weitere Absenkung des Unterschriftenquorums für Bürgerbegehren auf nun 10 v.H., jedoch in Gemeinden mit bis zu 50.000 Einwohnern höchstens 2.500 Unterschriften, in Gemeinden mit bis zu 100.000 Einwohnern höchstens 5.000 Unterschriften, in Gemeinden mit bis zu 200.000 Einwohnern höchstens 10.000 Unterschriften sowie in

40 Vgl. GemO i.d.F. d. Bek. v. 16.9.1974 (GBl. 1974, S. 373 ff.).

41 Ausgeschlossen war der Bürgerentscheid lediglich in Fällen des § 73, also dann, wenn die Einführung durch Gebietsänderungsvereinbarung bzw. eine Vereinbarung der betroffenen Gemeinden bei einer gesetzlichen Gebietsänderung auf unbestimmte Zeit eingeführt, dann aber durch Änderung der Hauptsatzung mit Zustimmung des Ortschaftsrats aufgehoben wurde.

42 Dazu s.o. unter 2.3.4.2.

43 LT-Drs. 13/2240; Aker/Hafner/Notheis-Aker, § 21 Rn. 16.

Gemeinden mit mehr als 200.000 Einwohnern höchstens 20.000 Unterschriften erfolgt war,[44] kam es durch die GemO 2005[45] zu weiteren Neuerungen.

So wurde das Erfordernis einer wichtigen Gemeindeangelegenheit für Bürger- bzw. Ratsbegehren einschließlich Positivkatalog und Öffnungsklausel in § 21 Abs. 1 gestrichen. An seine Stelle trat die Vorgabe, dass Gegenstand des Bürgerentscheids unabhängig von der entsprechenden Initiative eine Angelegenheit des gemeindlichen Wirkungskreises sein musste, für die eine Zuständigkeit des Gemeinderats gegeben war, § 21 Abs. 1, 3 S. 1 GemO 2005.

Zugleich wurde der Negativkatalog des Abs. 2 um Bauleitpläne und örtliche Bauvorschriften ergänzt. Hierzu hatte die Begründung des Gesetzentwurfs ausgeführt:

> „[...] Entscheidungen in diesen Bereichen erfordern vielfältige Abwägungsprozesse. Diese Abwägungen sollen dem Gemeinderat als Hauptorgan der Gemeinde vorbehalten werden und nicht auf eine „Ja-Nein-Fragestellung", die zwingend Gegenstand eines Bürgerbegehrens sein müsste, reduziert werden. Grundsatzentscheidungen im Vorfeld eines bauplanungsrechtlichen Verfahrens zur Gemeindeentwicklung sind davon nicht berührt. [...]"[46]

Die Frist für reaktive Begehren wurde in § 21 Abs. 3 S. 3 Hs. 2 GemO von vier auf sechs Wochen verlängert. Damit sollte den Initiatoren mehr Zeit für die Sammlung der erforderlichen Unterschriften gegeben werden.[47]

Beim Bürgerentscheid selbst genügte für einen Erfolg nun ein Mehrheitsquorum von 25 v.H., § 21 Abs. 6 S. 1 GemO. Damit sollte die sachunmittelbare Demokratie gestärkt werden, ohne dass dadurch der „Gemeinderat als Hauptorgan der Gemeinde" verdrängt würde.[48]

2.4.3 Gemeindeordnung 2015

Zuletzt waren die Änderungen aus dem Jahr 2015[49] von der Absicht getragen, die Durchführung von Bürgerbegehren zu erleichtern und ihre Wirksamkeit zu erhöhen.

---

44 GemO i.d.F. d. Bek. v. 24.7.2000 (GBl. 2000, S. 582 ff., ber. S. 689).
45 I.d.F. v. 28.7.2005 (Juris).
46 LT-Drs. 13/4385, S. 18. Vgl. zu „Ja-Nein-Fragestellungen" auch Wessels, S. 376 ff.
47 LT-Drs. 13/4385, S. 18.
48 LT-Drs. 13/4385, S. 18.
49 GemO i.d.F. v. 28.10.2015 (Juris).

Entsprechend wurde die Frist für die Einreichung reaktiver Bürgerbegehren auf nun drei Monate verlängert, § 21 Abs. 3 S. 3 Hs. 2 GemO 2015.

Hinsichtlich der Erstellung des Kostendeckungsvorschlags, der Initiatoren von Bürgerbegehren in der Praxis oft vor Probleme gestellt hatte, wurde durch § 21 Abs. 3 S. 5 GemO 2015 eine Beratungspflicht der Gemeinde eingeführt: Diese hat seitdem Auskünfte zur Sach- und Rechtslage zu erteilen.

Das Unterschriftenquorum in § 21 Abs. 3 S. 6 GemO 2015 wurde unabhängig von der Gemeindegröße auf 7 v.H. abgesenkt und bei 20.000 Unterschriften gedeckelt.[50]

Um die Wirksamkeit des Bürgerbegehrens zu erhöhen wurde für die Entscheidung des Gemeinderats über die Zulässigkeit des Bürgerbegehrens eine Frist von zwei Monaten ab Eingang des Antrags eingeführt. Zugleich wurde ab Feststellung der Zulässigkeit des Bürgerbegehrens eine Sperrwirkung eingeführt, der zufolge die Gemeindeorgane bis zur Durchführung des Bürgerentscheids keine dem Bürgerbegehren entgegenstehende Entscheidung treffen oder vollziehen dürfen, es sei denn, dass bereits zum Zeitpunkt der Einreichung des Bürgerbegehrens rechtliche Verpflichtungen hierzu bestanden haben, § 21 Abs. 4 S. 1, 2 GemO 2015.

Die bereits bisher bestehende Pflicht, den Bürgern die innerhalb der Gemeindeorgane vertretene Auffassung dazulegen, wurde in § 21 Abs. 5 GemO 2015 dahin präzisiert, dass dies durch Veröffentlichung oder Zusendung einer schriftlichen Information bis zum 20. Tag vor dem Bürgerentscheid zu erfolgen habe. Insoweit ist den durch § 21 Abs. 3 S. 7 GemO 2015 neu geschaffenen Vertrauenspersonen, die gem. Abs. 3 S. 8 hinsichtlich Erklärungen zum Antrag alleinvertretungsberechtigt und vor Feststellung der Zulässigkeit des Bürgerbegehrens durch den Gemeinderat gem. Abs. 4 S. 1 anzuhören sind, die Möglichkeit zu geben, ihre Auffassung zum Bürgerentscheid in dem gleichen Umfang darzustellen wie die Gemeindeorgane.

Beim Bürgerentscheid selbst, der nun gem. § 21 Abs. 6 GemO 2015 grundsätzlich innerhalb einer Frist von vier Monaten nach Feststellung der Zulässigkeit des Bürgerbegehrens stattzufinden hat, genügt für einen Erfolg ein Zustimmungsquorum von 20 v.H.

---

50 Im Einzelfall führt dies freilich zu einer gegenüber dem Status quo ante erhöhten Anzahl geforderter Unterschriften.

3. Bürger- und Ratsbegehren zum Bau der Stadthalle (1981-1983)

Nadja Schairer[*]

3.1 Hintergrund

Der Wunsch nach einer neuen Stadthalle kam spätestens zu Beginn des Jahres 1970 auf. Hintergrund war, dass die alte Stadthalle, die nach dem Krieg aus einer ehemaligen Reithalle des Militärs entstanden war, nicht mehr zeitgemäß sei.[51]

> „Man nannte sie, fast wohlwollend spöttisch, die ‚Kultur-Oma'. [...] Die Rede ist von der ‚alten' Stadthalle, [...]. Aber nach dem Kriege war sie die erste Stadthalle im weiten Umkreis [...]"[52]

Insbesondere erschien die Größe des Saals, der höchstens 600 Besuchern Platz bieten konnte, in vielen Fällen als zu klein. Zudem wurde darauf hingewiesen, dass dieser aufgrund seiner langgezogenen Form ungünstig geschnitten sei und eine völlig unzureichende Akustik habe. Die Bühne sei veraltet und kaum mehr für einfache Theateraufführungen brauchbar. Nebenräume fehlten nahezu vollständig, so dass Ludwigsburg mit der Entwicklung kultureller Angebote immer mehr ins Hintertreffen geraten sei.[53]

Allerdings war die Idee eines Neubaus zunächst nicht realisierbar. Das änderte sich erst 1976. Denn nach dem in diesem Jahr aufgestellten Investitionsplan für die Jahre 1977 bis 1980 sollte das Projekt realisierbar sein, da keine weiteren Großprojekte mehr anstünden.[54] Auch vonseiten der Politik kam grünes Licht für das Vorhaben. So fasste Oberbürgermeister *Dr. Otfried Ulshöfer* (FDP) im Februar 1977 bei der Einbringung des Haushaltsplanentwurfs für das laufende Jahr sowie der mittelfristigen Finanzplanung zusammen:

---

* Die Autorin ist Dr. Eckart Bohn und Roland Schweiß für deren Unterstützung und hilfreiche Gespräche zu Dank verpflichtet. Gewidmet ist der Beitrag meinem Freund Jönne und meiner Familie.

51 Vgl. Ludwigsburger Kreiszeitung, Sonderausgabe v. 18.3.1988, S. 13.

52 Ludwigsburger Kreiszeitung, Sonderausgabe v. 18.3.1988, S. 23.

53 So der Oberbürgermeister im Rahmen der Bürgerversammlung v. 11.2.1982, Niederschrift S. 1 f.; vgl. zur früheren Situation mit der augenzwinkernd als Kulturschuppen bezeichneten Stadthalle auch Horn, S. 3 ff.

54 Vgl. Ludwigsburger Kreiszeitung, Sonderausgabe v. 18.3.1988, S. 13.

> „Das wohl nicht nur seinem finanziellen Umfang, sondern auch seiner kulturellen und gesellschaftlichen Bedeutung für unsere Stadt nach gewichtigste Vorhaben der nächsten Jahre, das mit dem diesjährigen Investitionsplan erstmals in eine absehbare Nähe rückt, ist der Neubau einer Stadthalle. Nachdem alle Fraktionen dieses Hauses gelegentlich der Diskussion des Nachtragshaushalts 1976 sich übereinstimmend für dieses Vorhaben ausgesprochen haben, ging die Verwaltung davon aus, dass ihm erste Priorität als Großbauvorhaben der nächsten Jahre einzuräumen ist."[55]

Die planerischen Vorarbeiten sollten, so der Oberbürgermeister weiter, bei zügigem Ablauf in einem Zeitraum von etwa drei Jahren zu bewältigen sein, wobei im laufenden Jahr die Standortentscheidung fallen und das Raumprogramm erarbeitet werden müsse. In den beiden Folgejahren sollten dann der Architektenwettbewerb durchgeführt und die baureife Planung fertiggestellt werden. Entsprechend seien im Investitionsplan für die Jahre 1978 und 1979 jeweils Mittel für die Planung und für 1980 bereits 3 Mio. DM als „erste Baurate" vorgesehen. Gleichzeitig sollten andere Vorhaben dem Ziel des Neubaus der Stadthalle untergeordnet und insoweit eine „behutsame Finanzpolitik" betrieben werden, was bereits darin seinen Ausdruck finde, dass der für 1977 vorgelegte Haushaltsplan Kreditaufnahmen nur i.H.v. 4,5 Mio. DM vorsehe, während Schuldentilgungen von 7,3 Mio. DM erfolgen sollten. So werde ein zusätzlicher Spielraum für Schulaufnahmen in den Folgejahren geschaffen.[56]

Allerdings wollte die Verwaltung offenbar von Anfang an mögliche Kritik antizipieren. So meinte der Oberbürgermeister, man solle nicht den Ehrgeiz haben, mit anderen Städten der Region dadurch konkurrieren zu wollen, dass man sie durch die Errichtung einer „Super-Kongresshalle" zu übertrumpfen versuche. Vielmehr solle man sich so weit als möglich auf die spezifischen Ludwigsburger Gegebenheiten einstellen, etwa die Bedürfnisse der Vereine, die Nähe zum Schloss, zum Blühenden Barock und die Schlossfestspiele. Die Verwaltung werde dazu schon bald einen Vorschlag für die Bildung einer Arbeitsgruppe unterbreiten, in welcher neben Vertretern von Gemeinderat und Verwaltung auch solche der Stadtverbände, des Gaststättengewerbes und der künstlerische Leiter der Schlossfestspiele mitarbeiten sollten.[57]

Tatsächlich war die Arbeitsgruppe weniger schnell als vom Oberbürgermeister angenommen. Doch schließlich konnte nach zweijähriger intensiver Arbeit im Herbst 1979 dem Gemeinderat ein Raumprogramm vorgelegt werden.[58] Danach sollten nicht Konzepte aus umliegenden Städten kopiert und insbesondere keine Kongresshalle errichtet, sondern den kulturellen

55 Niederschrift über die Sitzung des Gemeinderats v. 2.2.1977, S. 5.
56 Niederschrift über die Sitzung des Gemeinderats v. 2.2.1977, S. 5.
57 Niederschrift über die Sitzung des Gemeinderats v. 2.2.1977, S. 6.
58 Vgl. Niederschrift über die Bürgerversammlung v. 11.2.1982, S. 3.

Ansprüchen der Stadt selbst dadurch genügt werden, dass künftig angemessene Angebote im Theater-, Konzert- und Unterhaltungsbereich ermöglicht würden, ferner die Halle beheizbar und auch im Winter nutzbar sei, Chöre und Stadtorchester angemessene Räumlichkeiten außerhalb der Aula der Pädagogischen Hochschule fänden und zuletzt eine Nutzung für Vereinsfeiern, Bälle und die Veranstaltungen im Rahmen der Festspiele möglich sei.[59] Dafür sollte ein Konzert- und Theatersaal errichtet werden, der für 1.300 Gäste Platz bot, sowie ein Bürgersaalbereich mit 1.100 Plätzen, der sich in zwei Räume mit 700 bzw. 400 Plätzen unterteilen lassen sollte.[60] Im Juli 1980 folgte der Gemeinderat diesen Erwägungen und beschloss, dass die neue Stadthalle am bisherigen Standort, also anstelle der alten Stadthalle errichtet werden solle. Am selben Tag wurde der Beschluss gefasst, dass ein Architektenwettbewerb stattfinden soll, der wenige Tage später schon ausgeschrieben wurde.[61]

Nachdem der Architektenwettbewerb abgeschlossen und ein Vorentwurf gefertigt worden war, empfahl der Bauausschuss am 20.1.1983 dem Gemeinderat auf Antrag des Bürgermeisteramts, den Neubau mit Gesamtkosten i.H.v. 73,1 Mio. DM zzgl. Umsatzsteuer zu genehmigen und die Verwaltung mit der weiteren Durchführung des Bauvorhabens zu beauftragen.[62]

Dieser Empfehlung folgte der Gemeinderat fünf Tage später. Die Sitzung war vom Oberbürgermeister unter Hinweis auf ein Schreiben des Landrats eröffnet worden, das um Zustimmung für den Bau der Stadthalle warb und darauf hinwies, dass diese für die Schlossfestspiele notwendig sei. Zudem verwies das Stadtoberhaupt auf eine Äußerung des Ministerpräsidenten in einem Interview mit der Ludwigsburger Kreiszeitung, der einen Zuschuss des Landes i.H.v. 11 Mio. DM zugesagt hätte. Hinsichtlich der Kosten wurde darauf verwiesen, dass zum größten Teil, nämlich zu fast 60 v.H. bereits Angebotspreise bzw. Absprachen mit Unternehmen vorlägen und i.Ü. Vergleichspreise bzw. Einschätzungen von Fachleuten herangezogen worden seien. Weiter seien Nebenkosten sowie fünf Prozent für Unvorhergesehenes berücksichtigt worden.[63]

In der Diskussion sprach sich zunächst Stadtrat *Wiedmann* für die CDU-Fraktion für den Bau der Stadthalle aus. Insbesondere sei es nicht überzeugend, auf den großen Saal zu verzichten, da dann die Landeszuschüsse nicht eingeplant werden könnten, so dass sich in der Summe keine

---

59 Vgl. Niederschrift über die Bürgerversammlung v. 11.2.1982, S. 3 f.

60 Vgl. Niederschrift über die Bürgerversammlung v. 11.2.1982, S. 7 f.; ausführlich zu Planung und Konzeption Horn, S. 6 ff.

61 Vgl. Ludwigsburger Kreiszeitung, Sonderausgabe v. 18.3.1988, S. 13.

62 Vgl. Niederschrift über die Sitzung des Bauausschusses v. 20.1.1983, S. 6.

63 Vgl. Niederschrift über die Sitzung des Gemeinderats v. 25.1.1983, S. 3 f.

Kostenersparnis ergebe.[64] Zudem müsse berücksichtigt werden, dass durch die Investition Arbeitsplätze geschaffen würden. Die CDU-Fraktion werde daher „nie und nimmer" ihre Zustimmung zu einer kleineren Stadthalle erteilen. Für den Fall, dass mehrheitlich einer kleineren Lösung der Vorzug gegeben werden sollte, verträte die Union vielmehr die Auffassung, dass man es bei der bisherigen Halle belassen und der nächsten Generation die Möglichkeit geben solle, einen vernünftigen Neubau zu schaffen.[65]

Für die SPD-Fraktion betonte Stadtrat *Knoll*, dass die „Reagonomics [...] am Ende" seien, weshalb jetzt und mittelfristig investiert werden müsse.[66] Sein Fraktionskollege *Zeller* erklärte später, dass ein Teil der Fraktion der Beschlussvorlage zustimmen werde, während diese von anderen Fraktionsmitgliedern abgelehnt werde, teils wegen der Höhe der erforderlichen Investitionen und der Folgekosten, teils mit Blick auf Raumprogramm und Konzeption vor dem Hintergrund der Frage, welche kulturellen Angebote in der Fläche zwischen den Hauptzentren Stuttgart und Heilbronn sinnvoll seien.[67] Die knappe Mehrheit von sieben SPD-Stadträten stand auf Seiten der Unterstützer, während sechs Stadträte das Projekt ablehnten und teilweise auch die Bürgerinitiative unterstützten.[68] Zeller meinte, das Stadthallenprojekt sei nicht nur ein kulturpolitisches Projekt, sondern auch ein Beispiel dafür, wie schwierig es gerade auf der kommunalen Ebene sei, das zu tun, was immer als theoretisch richtig verlangt werde, nämlich antizyklisch zu investieren, zu planen und zu finanzieren.[69] Zum Ende seiner Rede gab er zu bedenken:

> „Braucht Ludwigsburg dieses Bauwerk unabdingbar? – Was brauchen wir eigentlich unabdingbar, meine Damen und Herren? Was ist notwendig und was ist unnötig? Sicher ist dieses Bauwerk nicht notwendig, aber es ist auch nicht unnötig."[70]

Den Sozialdemokraten ähnlich ging des der FDP. Deren Stadtrat *Haag* unterstützte den Neubau, während die übrigen drei Fraktionsmitglieder dagegen stimmten. Für *Haag* handelte es sich um ein „kulturpolitisch [...] weittragendes Bauwerk", das bis weit in das 21. Jahrhundert hinein genutzt werden könne für eine Einwohnerschaft, die über zunehmend mehr Freizeit verfüge und dann vielleicht weniger mit dem Auto unterwegs sei. In finanziell schlechter werdenden Zeiten sogleich im kulturellen Bereich zu sparen, sei „eine besondere Form der Hasenfüßigkeit".[71] Demgegenüber

---

64 Niederschrift über die Sitzung des Gemeinderats v. 25.1.1983, S. 10.
65 Niederschrift über die Sitzung des Gemeinderats v. 25.1.1983, S. 12.
66 Niederschrift über die Sitzung des Gemeinderats v. 25.1.1983, S. 14.
67 Niederschrift über die Sitzung des Gemeinderats v. 25.1.1983, S. 16.
68 Vgl. SPD-Ortsverein, Festschrift, S 127 ff.
69 Niederschrift über die Sitzung des Gemeinderats v. 25.1.1983, S. 19.
70 Niederschrift über die Sitzung des Gemeinderats v. 25.1.1983, S. 20.
71 Niederschrift über die Sitzung des Gemeinderats v. 25.1.1983, S. 28.

meinte Haags Fraktionskollege *Dr. Horschitz*, die Planung der Halle sei zwar „ganz wunderschön", führe aber zu Kürzungen in anderen Bereichen, etwa

> „Streichungen bei den konsumtiven Ausgaben, sprich weniger Personal, weniger Vereinszuschüsse, Schließung von Bädern; Streichungen bei den Investitionen, sprich weniger Kindergärten, weniger Wohnungsbau, weniger Sicherheit bei den Schulwegen; Erhöhung bei den Einnahmen, sprich höhere Hebesätze bei der Gewerbesteuer und bei der Grundsteuer, höhere Gebühren und Abgaben. [...]
>
> Um ein kommunales Prestigeobjekt durchzuziehen, das unserem Haushalt ungefähr so angemessen ist, wie es die Olympischen Spiele für Andorra wären, müssen alle bluten, sei es Wirtschaft, Handel, Grundbesitz, Mieter, Kinder, ältere Mitbürger, Vereine und nicht zuletzt das städtische Personal."[72]

Neben SPD und FDP war die Fraktion der FWV geteilter Ansicht, wie deren Redner *Bullinger* mitteilte, der seinerseits den Bau der Stadthalle befürwortete.[73] Und Stadtrat *Wallmersperger* (Grüne) erklärte, politisches Ziel müsse letztlich ein Haushalt ohne Schulden sein.[74] Vor dem Hintergrund der Folgekostenproblematik sprach er sich nicht für eine Ein- oder Zwei-Saal-Lösung, sondern für eine Nullvariante, also die Beibehaltung des Status Quo aus.

> „Zur Kulturarktis wird Ludwigsburg auch ohne die neue Stadthalle auf absehbare Zeit hinaus nicht werden. [...] Die Förderung des kulturellen Lebens in seiner ganzen Vielgestaltigkeit dient unmittelbar dem Menschen, eine Stadthalle, so schön sie auch sein muß, bleibt immer nur ein Gebäude."[75]

Im Übrigen entspreche es seinem Demokratieverständnis, die Bürger mit entscheiden zu lassen.[76]

Schlussendlich stimmten nach mehr als siebenstündiger Verhandlung in namentlicher Abstimmung 29 Stadträte für die Vorlage der Verwaltung und damit den bereits vom Bauausschuss befürworteten Stadthallenbau, während elf Stadträte diesen ablehnten.[77]

---

72 Niederschrift über die Sitzung des Gemeinderats v. 25.1.1983, S. 34.
73 Vgl. Niederschrift über die Sitzung des Gemeinderats v. 25.1.1983, S. 38.
74 Niederschrift über die Sitzung des Gemeinderats v. 25.1.1983, S. 47.
75 Niederschrift über die Sitzung des Gemeinderats v. 25.1.1983, S. 49.
76 Niederschrift über die Sitzung des Gemeinderats v. 25.1.1983, S. 49.
77 Das Stimmverhalten der einzelnen Stadträte ist dokumentiert in der Niederschrift über die Sitzung des Gemeinderats v. 25.1.1983, S. 68.

3.2 Inhalt des Bürgerbegehrens

Ab 1981 kam es zu mehreren Anläufen für ein Bürgerbegehren zum Stadthallenbau. Initiiert wurde das Bürgerbegehren von der „Bürgeraktion für einen vernünftigen Neubau der Stadthalle Ludwigsburg“.

In der Unterschriftenliste vom Mai 1981 fand sich anstelle einer Abstimmungsfrage folgende Formulierung:

> „Wir lehnen eine ‚große Lösung‘ der Stadthalle Ludwigsburg, wie sie von der Verwaltung und der Mehrheit des Gemeinderats geplant ist, ab. (Kosten Stand 1980 lt. Verwaltung: 75 Millionen plus 25 Millionen für Verkehrsanbindung und Tiefgaragen plus 1,2 Millionen jährlichen Unterhaltskosten.) Wir fordern einen Bürgerentscheid.“

Zur Begründung hieß es:

> „Ein Projekt von dieser geplanten baulichen und finanziellen Größenordnung würde auf viele Jahre hinaus den Investitionsspielraum der Stadt stark einschränken. Folge: Für andere berechtigte Wünsche der Bürger wäre kaum noch Geld da. Deshalb sollen alle Bürger – und nicht nur die gewählten Vertreter – eine so wichtige Entscheidung treffen.“[78]

Einen Kostendeckungsvorschlag enthielten die Listen nicht. Als „Listenvertreter“ waren der SPD-Mann und Initiator der Bürgeraktion *Heinz Franke* und der Gewerkschaftssekretär *Uwe Bordanowicz* angegeben worden, der ebenfalls SPD-Mitglied war. Beide waren jedoch nicht Mitglieder des Gemeinderats.[79]

3.3 Unterschriftensammlung

Am 6. Mai 1981 berichtete die Ludwigsburger Kreiszeitung, dass die Unterschriftensammlung seit fünf Tagen laufe und die Bürgeraktion guten Mutes sei, die in Gemeinden mit mehr als 50.000 bis 100.000 Einwohnern benötigten 6.000 Unterschriften wahlberechtigter Bürger zu erreichen. Denn der bisherige Zuspruch sei entsprechend stark, zumal die Bürgeraktion von Grünen und Alternativen, sowie von Mitgliedern der CDU, der SPD und der Freien Wähler unterstützt werde. So sammelten u.a. zwei Stadträte der FWV Unterschriften für das Bürgerbegehren.[80]

Etwas unklar war, zu welchem Zeitpunkt das Bürgerbegehren nach den ursprünglichen Planungen eingereicht werden sollte. So sagten die Vertreter der Bürgeraktion bei einer Pressekonferenz nach dem Start der

78 Unterschriftenliste der Bürgeraktion vom Mai 1981, Stadtarchiv Ludwigsburg.

79 Vgl. zu den Listenvertretern Bericht der Ludwigsburger Kreiszeitung v. 6.5.1981, S. 3.

80 Bericht der Ludwigsburger Kreiszeitung v. 6.5.1981, S. 3.

Unterschriftensammlung einerseits, dass ihr Ziel sei, den Architektenwettbewerb zu „kippen“, während andererseits betont wurde, dass die Unterschriften nur eingereicht werden sollten, falls der Gemeinderat nach Vorlage der Entwürfe des Architektenwettbewerbs die „große Lösung“ beschließe.[81]

Tatsächlich ging die Unterschriftensammlung offenbar langsamer vonstatten als ursprünglich geplant. Denn Anfang 1982 verteilte die Bürgeraktion ein Flugblatt, auf dessen Rückseite sich eine neu gestaltete Unterschriftenliste befand. Inhaltlich unterschied sich diese, abgesehen davon, dass sie auf den Januar 1982 datiert war, von der ursprünglichen Version nur dadurch, dass *Franke* und *Bordanowicz* nicht als Listenvertreter, sondern als Kontaktpersonen angegeben waren, an welche die Unterschriftenlisten gesendet werden konnten.[82]

Auf der Vorderseite des Flugblatts wurden unter dem Titel „Millionen, seid verschlungen!“ in einem Brief an die Ludwigsburger Bürger die nun – trotz des unveränderten Wortlauts des Bürgerbegehrens – auf 70 bis 120 Mio. DM geschätzten Kosten angeführt. Abschließend hieß es:

> „Wenn es Ihnen egal ist, was mit Ihren Steuergeldern geschieht, wenn für Sie die Demokratie damit erschöpft ist, alle paar Jahre einen neuen Gemeinderat oder neuen Oberbürgermeister zu wählen, dann sollten Sie dies Flugblatt in Ihren Mülleimer wandern lassen.
>
> Oder aber: Sie machen von Ihrem Recht Gebrauch, in einem Bürgerentscheid selbst Verantwortung zu tragen. Deshalb unterstützen Sie uns mit Ihrer Unterschrift […].“[83]

Zugleich wurde dazu aufgefordert, an einer Bürgerversammlung am 11. Februar 1982 teilzunehmen.

Bei dieser Versammlung erklärte *Franke*, dass es „ehrlicher“ sei, wenn die Bürger über das Schicksal der Stadthalle entschieden, als wenn eine solche Entscheidung vom Gemeinderat „durchgedrückt“ werde. In Anbetracht rückläufiger kommunaler Einnahmen brachte er folgenden Vergleich:

> „Ein Familienvater kommt nach Hause und sagt, dass sein Gehalt gekürzt wurde. Dann kommt aber die Mutter und sagt, dass alles teurer geworden ist. Die Kinder sagen, dass sie für ihre Busfahrt auch mehr bezahlen müssen. Da sagt der Vater, macht euch keine Sorgen, denn wir haben ja die Bank und außerdem schaffe ich mir noch einen Mercedes an. Dann wird sicher von den anderen gefragt werden, was sie davon haben. Der Vater wird wohl nur sagen können, dass sie mitfahren können.“[84]

---

81 Vgl. Bericht der Ludwigsburger Kreiszeitung v. 6.5.1981, S. 3.

82 Vgl. Rückseite des Flugblatts der Bürgeraktion vom Januar 1982, Stadtarchiv Ludwigsburg.

83 Flugblatt der Bürgeraktion vom Januar 1982, Stadtarchiv Ludwigsburg.

84 Niederschrift über die Bürgerversammlung v. 11.2.1982, S. 13.

Deshalb beschwöre er, *Franke*, den Gemeinderat, von dem Vorhaben abzulassen, eine große Stadthalle zu errichten. Wenn der Gemeinderat sich dazu nicht durchringen könne, solle ein Bürgerentscheid zugelassen werden, bei dem sich zeige, auf welcher Seite die Bürger stünden.[85]

Hierzu erklärte der Oberbürgermeister, dass er selbstverständlich einen Bürgerentscheid korrekt ablaufen lassen werde, wenn die gesetzlichen Voraussetzungen dafür erfüllt seien, also ein Bürgerbegehren u.a. hinreichend unterstützt werde. Auf gar keinen Fall werde er aber unabhängig davon dem Gemeinderat vorschlagen, ein Ratsbegehren zu beschließen. *Dr. Ulshöfer* sprach in diesem Zusammenhang davon, dass der Gemeinderat mit einem solchen Beschluss von seiner Verantwortung abdanken würde. Er persönlich sei ein überzeugter Anhänger der repräsentativen Demokratie und der Auffassung, dass der Weg, der in den letzten Jahren von der Gesetzgebung begangen worden sei, gemeint war wohl die Einführung von Bürgerbegehren und Bürgerentscheid oder zumindest die Absenkung der Unterschriftenquoren, nicht der richtige wäre.[86]

Ein nochmals aktualisiertes Flugblatt der Bürgeraktion mit der bereits bekannten Unterschriftenliste wurde im Januar 1983 vorgelegt. Hierin wurde zusätzlich zu den bisher angeführten Argumenten darauf hingewiesen, dass bereits die Zinslast rund 1,8 Mio. DM p.a. betrage – und das für die Dauer von 33 Jahren.[87]

Nach dem Beschluss des Gemeinderats v. 25.1.1983 wendeten sich Anfang Februar die in der Abstimmung unterlegenen Stadträte von SPD, FDP, FWV und Grünen an die Ludwigsburger Bürger und baten um Unterschriften für das Bürgerbegehren. Die auf der Rückseite abgedruckten Listen könnten bei jedem der elf unterzeichneten Stadträte abgegeben werden; zudem würde jeden Samstagvormittag ein Informationsstand in der Fußgängerzone organisiert.

Inhaltlich wiesen die Stadträte unter der Überschrift „Ihre Unterschrift für eine vernünftige Stadthalle“ darauf hin, dass der vom Gemeinderat beschlossene Bau zu kalkulatorischen Folgekosten von 25 Mio. DM p.a. führe, mit denen z.B. in allen nach dem Krieg gebauten städtischen Wohnungen dringend notwendige Renovierungsmaßnahmen durchgeführt werden könnten. Die Folgekosten seien bei einem kostengünstigeren Bau deutlich geringer. Wenn die Halle neu geplant und erst in drei Jahren gebaut

85 Vgl. Niederschrift über die Bürgerversammlung v. 11.2.1982, S. 14.
86 Vgl. Niederschrift über die Bürgerversammlung v. 11.2.1982, S. 16.
87 Flugblatt der Bürgeraktion vom Januar 1983, Stadtarchiv Ludwigsburg.

würde, könnten zudem kurzfristig Finanzmittel in andere wichtige Vorhaben investiert werden und der Konjunkturbelebung dienen.[88]

Freilich war nun Eile geboten. Denn obschon die Unterschriftensammlung im Februar 1983 bereits seit 21 Monaten im Gange war, musste nun die Vier-Wochen-Frist für reaktive Bürgerbegehren gem. § 21 Abs. 3 S. 4 GemO beachtet werden.[89]

3.4 Ratsbegehren

Während der laufenden Unterschriftensammlung wurde während der Sitzung des Gemeinderats am 25. Januar 1983 ein Vorstoß hinsichtlich eines Ratsbegehrens unternommen.

Dieses wurde von der SPD-Stadträtin *Irmgard Faber* im Namen von insgesamt sechs Genossen beantragt.

Zur Begründung führte die Politikerin aus, die Antragsteller hielten den Zeitpunkt für einen Bürgerentscheid für gekommen, nachdem in der Bevölkerung ein einigermaßen umfassendes Wissen um die Diskussion zur Festhalle vorhanden sei. Es sei festzustellen, dass mit der vermehrten Information das Interesse an der Diskussion nicht nur bei den Vereinsvorsitzenden wachse. Da es sich bei dem vorliegenden Projekt um eine einmalige Angelegenheit handele, seien die Antragsteller der Auffassung, dass jetzt die unmittelbare Demokratie zu ihrem recht kommen solle. Es müsse dem Gemeinderat wichtig sein, zu erfahren, wie die Bürger in der Sache dächten. Dies sehe auch die Gemeindeordnung so, die zwar auf dem Grundprinzip der repräsentativen Demokratie aufbaue, aber auch Formen unmittelbarer Demokratie vorsehe.[90]

Mit diesen Argumenten vermochten die Antragsteller aber nicht einmal all jene zu überzeugen, die dem Bau der Stadthalle in der von der Verwaltung vorgeschlagenen Form ablehnend gegenüberstanden: Im Ergebnis wurde das Ratsbegehren mit 29 Nein-Stimmen bei zehn Ja-Stimmen und einer Enthaltung abgelehnt.[91] Zuvor hatte der Oberbürgermeister nicht nur auf die für ein Ratsbegehren gem. § 21 Abs. 1 S. 1 GemO erforderliche Mitgliedermehrheit von zwei Dritteln,[92] sondern auch darauf hingewiesen, dass „diejenigen, die aufgrund der negativen Erfahrungen der Weimarer

---

88 Schreiben (Flugblatt) der Stadträte Dr. Bohn, Burkhardt, Faber, Dr. Frank, Frasch, Heer, Heuschele, Kirchner, Schmidt, Schwinghammer und Wallmersperger v. 7.2.1983, Stadtarchiv Ludwigsburg.

89 Zur Frist s. unter 2.3.2.2.

90 Niederschrift über die Sitzung des Gemeinderats v. 25.1.1983, S. 63.

91 Vgl. Niederschrift über die Sitzung des Gemeinderats v. 25.1.1983, S. 67.

92 Dazu s. unter 2.3.3.

Zeit mit der direkten Demokratie sehr zurückhaltend umgegangen seien", gewusst hätten was sie tun.[93]

3.5 Zulässigkeit des Bürgerbegehrens

Nachdem binnen vier Wochen nach der am 26. Januar 1983 erfolgten Bekanntmachung des Gemeinderatsbeschlusses vom Vortag und damit bis zum Ablauf der Frist des § 21 Abs. 3 S. 4 GemO insgesamt 1.588 Listen mit 7.795 Unterschriften beim Bürgermeisteramt eingegangen waren, beantragte der Oberbürgermeister am 23. März 1983, dass der Gemeinderat das Bürgerbegehren für zulässig erklärt.

Der Bürgerentscheid sollte ausweislich der Beschlussvorlage am 26. Juni 1983 durchgeführt werden und die Abstimmungsfrage lauten:

> „Sind Sie für die vom Gemeinderat in seiner Sitzung vom 25.1.1983 beschlossene Lösung für den Neubau der Stadthalle mit Bürger- und Konzertsaal?"[94]

Zur Begründung hieß es, dass nach Prüfung der Unterschriften anhand des Wählerverzeichnisses 6.567 Eintragungen anerkannt werden konnten. Eine „nach statistisch gesicherten Methoden" zusätzlich durchgeführte stichprobenartige Überprüfung der Echtheit der Unterschriften habe ergeben, dass mit einer Wahrscheinlichkeit von 99 v.H. ein Anteil von 98,24 Prozent (+/- 1,35 %) der anerkannten Unterschriften „richtig" abgegeben worden seien, so dass sich die Anzahl der anzuerkennenden Unterschriften im Höchstfall auf 6.362 reduziere. Damit sei das Quorum von 6.000 Unterschriften gewahrt.[95] Zudem handele es sich bei der Stadthalle gem. § 21 Abs. 1 S. 2 Ziff. 1 GemO um eine wichtige Gemeindeangelegenheit[96] und bestünden auch sonst keine Bedenken gegen die Zulässigkeit. Insbesondere stehe der Zulässigkeit nicht entgegen, dass die Unterschriftenlisten keine vorformulierte Frage enthielten. Denn nach der herrschenden Rechtsprechung seien an die Formulierung des Bürgerbegehrens keine zu strengen formalen Anforderungen zu stellen. Andererseits sei der Gemeinderat mangels einer durch die Unterschriften gedeckten ausdrücklichen Fragestellung nicht an die von der Bürgeraktion in ihrem Vorlageschreiben vom 22. Februar 1983 vorgeschlagene Fragestellung gebunden. Danach hätte die Abstimmungsfrage lauten sollen:

---

93 Niederschrift über die Sitzung des Gemeinderats v. 25.1.1983, S. 67. In der Sache erfolgte keine Substantiierung dieser Erfahrungen. Aus heutiger Sicht dürfte die Mär von den negativen Weimarer Erfahrungen schwer haltbar sein, vgl. dazu Witte, S. 231 ff.; Schmidt, S. 256 f.

94 Gemeinderats-Drs. VerwA 17/83 v. 23.3.1983, S. 1, Stadtarchiv Ludwigsburg.

95 Zur Höhe des Quorums s. unter 2.4.1.

96 Dazu s. unter 2.3.1.1.

> „Lehnen Sie die ‚große Lösung' (Bürgersaal ca. 1300 Plätze, Theatersaal ca. 1000 Plätze) der Stadt- und Festhalle für Ludwigsburg ab?"[97]

Am 30. März 1983 folgte der Gemeinderat der Beschlussvorlage einstimmig, jedoch mit einer geringfügigen Änderung hinsichtlich der Abstimmungsfrage, in der nun Bezug genommen wurde auf die „Stadthalle mit Bürgersaal und Theatersaal".

Zuvor hatte der Oberbürgermeister erklärt, zwar stehe außer Zweifel, dass das Bürgerbegehren legal und, soweit es mit einer korrekten sachlichen Argumentation unter Beachtung der Spielregeln der Demokratie betrieben wurde, auch legitim sei. Es dränge sich aber die Frage auf, ob diese Legitimität auch vor dem Hintergrund dessen gegeben sei, dass Mitglieder des Gemeinderats, die sowohl bei der Abstimmung über den Bau der Stadthalle selbst als auch bei der Abstimmung über den Antrag auf Durchführung eines Ratsbegehrens in der Minderheit geblieben seien, hiernach öffentlich und nachhaltig das Bürgerbegehren unterstützt hätten. Dies habe zwar nichts mit der Zulässigkeit des Bürgerbegehrens als solchem, wohl aber mit der Wahrnehmung der den Stadträten übertragenen Geschäfte gem. § 17 Abs. 1 GemO zu tun. Jedenfalls sei ihm, dem Oberbürgermeister, das Verhalten der Stadträte unabhängig von deren inhaltlicher Einstellung zum Stadthallenbau unbegreiflich.[98]

Weiter erklärte der Oberbürgermeister, dass zwar die Planung der Stadthalle bis zum Bürgerentscheid fortgeführt würde, jedoch kostenträchtige Entscheidungen solange unterblieben.[99]

3.6 Abstimmungskampf

In den darauffolgenden Wochen suchten die Bürgeraktion, aber auch die Gegner des Bürgerbegehrens, die stimmberechtigten Bürger Ludwigsburgs für sich zu gewinnen. So wurden Flugblätter verteilt, Zeitungsartikel und Leserbriefe verfasst und Informationsschriften veröffentlicht. Die Ludwigsburger Kreiszeitung fasste später zusammen:

> „Ein bis dahin in Ludwigsburg nie bekannter Wahlkampf setzte ein, mit Plakaten, mit Versammlungen und Aufklebern. Dabei verliefen die Fronten quer durch die Fraktionen, lediglich die CDU-Gemeinderatsfraktion demonstrierte Geschlossenheit. Stellungsnahmen wurden abgegeben, eine Flut von Leserbriefen ergoss sich über die Redaktionen."[100]

---

97 Gemeinderats-Drs. VerwA 17/83 v. 23.3.1983, S. 2 f., Stadtarchiv Ludwigsburg.
98 Niederschrift über die Sitzung des Gemeinderats v. 30.3.1983, S. 3 f.
99 Niederschrift über die Sitzung des Gemeinderats v. 30.3.1983, S. 6.
100 Ludwigsburger Kreiszeitung, Sonderausgabe v. 18.3.1988, S. 15.

Dabei nahm die Auseinandersetzung zunehmend an Schärfe zu. So schrieb ein Apotheker im Mitteilungsblatt eines Bürgervereins unter der Überschrift „Weg in den Abgrund“, mit dem Bau stürze sich die Stadt in Schulden, an denen noch die Kindeskinder der jetzt Verantwortlichen zu zahlen hätten.[101] Das links ausgerichtete Ludwigsburger Stadtblatt schrieb unter dem Slogan „Stürzt das Denkmal der High Society“ von einem Kampf „David gegen Goliath“, dessen letzte Runde nun eingeleitet sei, und forderte zu Spenden auf, um Flugblätter, Plakate und Aufkleber zu finanzieren.[102]

Auf der anderen Seite stellten die Befürworter der Stadthalle ihre Auffassungen nicht nur im Hochglanzdruck dar,[103] sondern wussten auch auf die Unterstützung von Verwaltung und Oberbürgermeister zu zählen. So versprach *Dr. Ulshöfer* in einem Schreiben an alle Vereine des Stadtverbands für Leibesübungen sowie an den Stadtverband der Gesang- und Musikvereine, dass die Stadt jedem Verein, der die neue Halle nutzen wolle, dies einmal jährlich subventioniert ermöglichen werde.[104] Und in einer eigens herausgegebenen Werbezeitung des Kultur-Förderkreises äußerte sich der Stadtkämmerer: „Die Kasse stimmt, keine Steuererhöhungen vorgesehen!“.[105] Zudem wurde die Befürchtung geäußert, dass die Schlossfestspiele von Nachbargemeinden übernommen werden könnten und erklärten Stars wie *Toni Marshal*, *Heino* und *Gotthilf Fischer*, sie freuten sich auf einen Auftritt in der neuen Stadthalle.[106]

Die Redaktion der Ludwigsburger Kreiszeitung lud schließlich *Dr. Emil Obermann* mit seiner Fernsehsendung „Pro und Contra“ nach Ludwigsburg ein, um eine ausgewogene Information zu ermöglichen und Befürworter und Gegner der Stadthalle an einem Tisch zu bringen. Mehr als 2.000 Bürger kamen dazu in die alte Stadthalle.[107]

3.7 Erfolg

Am Tag der Abstimmung, dem 26. Juni 1983, sprach sich schließlich eine relative Mehrheit für die Pläne des Gemeinderats aus, ohne dass dabei

101 Mitteilungsblatt 2/1983 des Bürgervereins Weststadt und Pflugfelden e.V., S. 11.

102 Ludwigsburger Stadtblatt Nr. 23 v. Juni 1983, S. 3.

103 Vgl. z.B. Flugblatt und Poster „Unsere neue Stadthalle – für ein schöneres Ludwigsburg“, Stadtarchiv Ludwigsburg.

104 Schreiben des Oberbürgermeisters v. 10.6.1983, Stadtarchiv Ludwigsburg.

105 Werbezeitung „Unsere Stadthalle“ (ohne Datum), S. 1.

106 Vgl. Werbezeitung „Unsere Stadthalle“ (ohne Datum), S. 4.

107 Vgl. Ludwigsburger Kreiszeitung Sonderausgabe zur Eröffnung des Forums am Schloßpark vom 18.März 1988, S 15

allerdings das erforderliche Zustimmungsquorum von 30 v.H.[108] erreicht wurde.

So gaben insgesamt nur 26.165 der 54.478 Stimmberechtigten ihre Stimme ab, was einer Stimmbeteiligung von 48,03 Prozent entsprach. Hiervon stimmten 14.712 Bürger mit „Ja“, also für den Bau der Stadthalle in der vom Gemeinderat beschlossenen Form, während 11.402 Bürger im Sinne der Betreiber des Bürgerbegehrens votierten. Ungültig waren 32 Stimmzettel.[109]

Erforderlich für das Zustandekommen eines gültigen Bürgerentscheids wäre jedoch vor dem Hintergrund des Zustimmungsquorums gewesen, dass die Mehrheit mindestens 16.344 Stimmberechtigten entsprochen hätte. Insoweit wies bereits das Kommunalamt in der Bekanntmachung des Ergebnisses des Bürgerentscheids darauf hin, dass der Gemeinderat nun (erneut) über die Angelegenheit entscheiden müsse.[110]

Vor diesem Hintergrund beantragte die Verwaltung in der Gemeinderatssitzung am 29. Juni 1983, den Beschluss vom 25. Januar 1983 zum Neubau der Stadt- und Festhalle zu bestätigen.[111]

Der Oberbürgermeister führte zu Beginn der Beratungen aus, dass seiner Auffassung zufolge durch den Bürgerentscheid die Entscheidung des Gemeinderats zum Bau der Stadthalle und damit die repräsentative Demokratie in eindrucksvoller Weise bestätigt worden sei. Auch Stadtrat *Wiedmann* erklärte für die CDU, dass der Respekt vor der beim Bürgerentscheid zustande gekommenen (relativen) Mehrheit die Zustimmung zu dem Beschlussvorschlag der Verwaltung gebiete. Auch die Mehrheit der SPD-Fraktion sprach sich erneut für das Bauvorhaben aus.[112]

Demgegenüber erklärte Stadtrat *Dr. Heer* für die FDP-Fraktion, dass diese als einzige von Anfang an mehrheitlich gegen die Stadthalle gestimmt habe und daran in der Sache festhalten werde. Insoweit fühle man sich auch denjenigen verpflichtet, die beim Bürgerentscheid mit „Nein“ gestimmt hätten. Im Übrigen sei das Ergebnis des Bürgerentscheids ein bedeutungsvoller Achtungserfolg, wenn man berücksichtige, welche Mittel gegen die Bürgerinitiative eingesetzt worden seien. Da man aber zugleich die Mehrheit im Bürgerentscheid respektiere, würden sich die Fraktionskollegen, die ursprünglich gegen den Bau der Stadthalle gestimmt hatten, nun enthalten.

---

108 Dazu s. unter 2.4.1.

109 Amtliche Bekanntmachung des Abstimmungsergebnisses, Ludwigsburger Kreiszeitung v. 29.6.1983, S. 12; ebenso Niederschrift über die Sitzung des Gemeinderats v. 29.6.1983, S. 3.

110 Vgl. Amtliche Bekanntmachung des Abstimmungsergebnisses, Ludwigsburger Kreiszeitung v. 29.6.1983, S. 12.

111 Niederschrift über die Sitzung des Gemeinderats v. 29.6.1983, S. 3.

112 Vgl. Niederschrift über die Sitzung des Gemeinderats v. 29.6.1983, S. 3 f.

Demgegenüber wollten die Stadträte *Dr. Frank* und *Schwinghammer* (FWV), nachdem die Entscheidung nun wieder beim Gemeinderat liege, erneut gegen den Bau stimmen.

Ähnlich äußerte sich Stadtrat *Schmidt* für diejenigen Sozialdemokraten, die bereits im Januar gegen den Stadthallenbau opponiert hatten. Er betonte anders als der Oberbürgermeister, von einer Bestätigung der repräsentativen Demokratie könne aus zwei Gründen nicht gesprochen werden, nämlich weil die Mehrheit der Stimmberechtigten offenbar nicht an der Angelegenheit interessiert gewesen sei und sich nicht am Bürgerentscheid beteiligt habe und weil auch diejenigen die Abstimmungsmöglichkeit begrüßt haben dürften, die mit „Ja" gestimmt hatten. Stadtrat *Wallmersperger* (Grüne) meinte, er sei vom Ergebnis des Bürgerentscheids enttäuscht und verwies darauf, dass die Hürden für einen erfolgreichen Bürgerentscheid zu hoch seien. Er werde jedoch dessen Ergebnis respektieren.[113] In der weiteren Diskussion wurde zudem darauf hingewiesen, dass die Wahlbeteiligung bei der Kreistagswahl im Jahr 1979 nur 46 v.H. und bei der Gemeinderatswahl im Folgejahr 52 Prozent betragen habe, ohne dass die Legitimität der repräsentativen Demokratie in Abrede gestellt worden sei.[114]

Im Ergebnis nahm der Stadtrat den Beschlussvorschlag der Verwaltung in namentlicher Abstimmung mit 27 gegen acht Stimmen bei drei Enthaltungen an.[115]

Knapp fünf Jahre später, im März 1988, konnte die neue Stadthalle unter dem Namen „Forum am Schlosspark" eingeweiht werden.[116]

---

113 Vgl. Niederschrift über die Sitzung des Gemeinderats v. 29.6.1983, S. 5 f.

114 So Stadtrat Adolf, vgl. Niederschrift über die Sitzung des Gemeinderats v. 29.6.1983, S. 37.

115 Vgl. Niederschrift über die Sitzung des Gemeinderats v. 29.6.1983, S. 8. Dort ist auch das Stimmverhalten des Oberbürgermeisters und der einzelnen Stadträte dokumentiert.

116 Vgl. dazu Ludwigsburger Kreiszeitung, Sonderausgabe v. 18.3.1988.

4. Bürger- und Ratsbegehren zur Umgestaltung der innerstädtischen Verkehrsachsen (1998/99)

Deborah Hollenbach[*]

4.1 Hintergrund

Hintergrund eines Bürgerbegehrens, das vom Gemeinderat für unzulässig erklärt, in dessen Folge der Gemeinderat aber aus politischen Gründen beschlossen hat, einen Bürgerentscheid aufgrund eines Ratsbegehrens durchzuführen, war die Planung der Stadt Ludwigsburg, die innerstädtischen Verkehrsachsen umzugestalten.

In einer Bürgerinformation der Verwaltung aus dem Juni 1998 hieß es dazu unter der Überschrift „Eine neue Chance für die Innenstadt", bereits anlässlich der Ansiedlung des Möbelgeschäfts Ikea in Ludwigsburg-Nord sei zugesagt worden, als Gegengewicht die Attraktivität der Innenstadt weiterzuentwickeln und zu stärken. Insbesondere die Wilhelmstraße als „innerstädtisches Herzstück des Verkehrssystems" sollte sich deutlich unterscheiden von der Bundesstraße 27 als Verkehrsachse. Jeder solle merken: „Jetzt bin ich im Herzen er Stadt!".[117]

Weiter hieß es, die Mehrheit des Gemeinderats könne sich bei den Planungen der Unterstützung der meisten Bürger und Geschäftsleute sicher sein, zumal bereits ausführliche Verkehrsuntersuchungen durchgeführt worden seien. Diese hätten gezeigt, dass die eindeutig beste Lösung für die Innenstadt ein Rückbau der Wilhelmstraße auf durchgehend zwei Fahrspuren für den mobilisierten Individualverkehr sei, während bisher vier Fahrspuren bestanden. Die Fahrspuren sollten künftig von Radstreifen gesäumt werden. In der Arsenalstraße sei eine Busspur vorgesehen. Auf dem Schillerplatz sollten die Busse weiter diagonal, die übrigen Fahrzeuge dagegen das Karree umfahren. So bleibe die gute Erreichbarkeit der Innenstadt erhalten, der Autoverkehr müsse sich aber stärker als bisher an die Bedürfnisse der Fußgänger, Radfahrer, sowie der Nutzer des ÖPNV anpassen. Um den Verkehrsknoten Solitude-/Mathildenstraße als ausreichend leistungsfähig zu erhalten, sollte zudem die Mathildenstraße zwischen Solitude- und

---

* Gewidmet ist der Beitrag meinen Freunden Lena, Dennis und Sonja, denen ich für ihre hilfreiche Unterstützung bei der Erstellung des Manuskripts zu danken habe.

117 Bürgerinformation der Stadt Ludwigsburg aus dem Juni 1998, S. 1.

Seestraße als Einbahnstraße Richtung Bundesstraße 27 ausgewiesen werden. Breite Gehwege mit Straßenbäumen sollten nicht nur den optischen Gesamteindruck verbessern, sondern der Gastronomie eine Bestuhlung im Außenbereich und Fußgängern das „Flanieren unter Bäumen" ermöglichen. Die Gehsteige sollen außerdem von Andienungsverkehr genutzt werden können, um die Gewerbetreibenden zu beliefern.[118]

Mit Blick auf mögliche Befürchtungen hinsichtlich des Wegfalls von Parkplätzen wurde in der Bürgerinformation ausgeführt, aktuell gebe es in der Innenstadt etwa 4.500 öffentliche Stellflächen. Geplant sei, dass hiervon am Rand der Wilhelmstraße 35 wegfielen, was weniger als einem Prozent entspreche. Die verbleibenden Parkplätze sollten zudem künftig von außen erschlossen werden und ein dynamisches Parkleitsystem eingerichtet werden, was den Parksuchverkehr reduzieren würde. Zudem werde das bestehende Parkhaus in der Asperger Straße um 320 Stellflächen erweitert, so dass der Wegfall von 35 Parkplätzen überkompensiert werden könne.[119]

Für diese Maßnahmen seien Investitionen i.H.v. etwa 9,3 Mio. DM erforderlich. Gleichzeitig könne mit Landes- und Bundeszuschüssen von rund 3 Mio. DM gerechnet werden, so dass ein „Netto-Betrag" von etwas über 6 Mio. DM bleibe, der von der Kommune finanziert werden müsse.[120] Diese Investition lohne sich aber:

> „Die Ludwigsburger Innenstadt […] ist jede Mühe wert! Deshalb wollen wir nun ein Projekt angehen, das dieses Herz der Stadt noch wertvoller macht, als es bisher schon ist. Denn zur Zeit ist diese Innenstadtachse eine Verkehrsschneise, eine ‚Rennbahn', die diese Innenstadt durchschneidet. Sie trennt Nord und Süd. Sie trennt Quartiere voneinander. Sie trennt Einkaufszonen, die zusammengehören. Und sie trennt uns von einer einheitlichen City, die anderswo bereits Wirklichkeit ist.
>
> Auch Ludwigsburg – gerade Ludwigsburg! – hat es verdient, eine Innenstadt zu haben, die im ganzen und als solche erlebbar, begehbar und erreichbar ist! Wo, wenn nicht hier, in dieser Stadt, die alle Voraussetzungen dafür bietet?"[121]

Am 21. Oktober 1998 stimmte der Gemeinderat den Planungen zur Neugestaltung der Innenstadtachse schließlich, nachdem bereits Anfang März über einen Vorentwurf beraten und beschlossen worden war,[122] mit 28 Ja-Stimmen bei zwölf Gegenstimmen zu. Gleichzeitig wurde die Verwaltung beauftragt, für die Wilhelm- und Arsenalstraße eine Ausführungs- bzw.

118 Bürgerinformation der Stadt Ludwigsburg aus dem Juni 1998, S. 1 f.
119 Vgl. Bürgerinformation der Stadt Ludwigsburg aus dem Juni 1998, S. 2.
120 Bürgerinformation der Stadt Ludwigsburg aus dem Juni 1998, S. 4.
121 Bürgerinformation der Stadt Ludwigsburg aus dem Juni 1998, S. 3.
122 Vgl. dazu Vorlage Nr. 043/98 v. 19.2.1998, Stadtarchiv Ludwigsburg.

Vergabeplanung vorzulegen. Die Beschlussvorlage verwies insoweit auf einen Haushaltsansatz von 9,5 Mio. DM. Nicht in dem Beschluss enthalten, sondern gesondert verfolgt wurde die Entwicklung des dynamischen Parkleitsystems, für das ebenfalls Fördermittel akquiriert werden sollten.[123]

Zu Beginn der Beratung war Oberbürgermeister *Dr. Christof Eichert* (parteilos) auf das Ziel der Planung eingegangen, „eine lebendige, attraktive Innenstadt" zu schaffen. Die Planungen seien ein Kompromiss zwischen Erreichbarkeit und Qualitätsverbesserung.[124]

Gegen den Umbau sprach sich Stadtrat *Hartwig Bronner* (FWV) aus: Dieser verwies auf einen sterbenden Einzelhandel in der Innenstadt und die künftig noch schlechtere Erreichbarkeit der Geschäfte. Der Kunde wolle „viel, billig und bequem kaufen". Dies sei nur durch eine autofreundlichere Lösung realisierbar, während die „Erziehungsdiktatur" die Innenstadt in eine Sackgasse führe. Denn die Kunden der Innenstadtgeschäfte könnten in die Einkaufsmöglichkeiten am Stadtrand abwandern.[125]

Demgegenüber verwies der CDU-Fraktionsvorsitzende *Hartmut Klett* darauf, dass seine Fraktion der Planung, die sinnvoll fortentwickelt worden sei, mehrheitlich zustimmen werde. Mithilfe des geplanten dynamischen Parkleitsystems könne auch das Parkierungsthema gelöst werden. Allerdings müsse man sich von der Vorstellung verabschieden, dass vor jeder Tür Parkplätze verfügbar seien, und auch die Verkehrssicherheit der Fußgänger bedenken.[126]

Auch *Ulrich Hebenstreit* (SPD) unterstützte das entwickelte Konzept und verwies auf eine positive Stellungnahme der IHK Ludwigsburg. Die Innenstadtachse bleibe für den Individualverkehr erhalten, Durchgangs- und Parksuchverkehre sollten jedoch vermieden werden.[127] Stadträtin *Roswitha Matschiner* (Grüne) hielt die Argumente der Gegenseite für „nicht nachvollziehbar" und betonte, dass letztlich jeder Kinde Fußgänger sei. Und für die FDP erklärte *Friedrich Haag*, dass seine Fraktion ebenfalls mehrheitlich zustimmen werde, da eine weitere Verzögerung „ein denkbar schlechtes Signal" sei und an die Planungen nun endlich „ein ‚Knopf' [...] gemacht werden" solle.[128]

---

123 Vgl. Vorlage Nr. 348/98 (ohne Datum) zur Sitzung des Bauausschusses v. 15.10.1998 bzw. des Gemeinderats v. 21.10.1998.

124 Vgl. Niederschrift der Sitzung des Gemeinderats v. 21.10.1998, TOP 3.

125 Vgl. Niederschrift der Sitzung des Gemeinderats v. 21.10.1998, TOP 3.

126 Vgl. Niederschrift der Sitzung des Gemeinderats v. 21.10.1998, TOP 3.

127 Niederschrift der Sitzung des Gemeinderats v. 21.10.1998, TOP 3.

128 Niederschrift der Sitzung des Gemeinderats v. 21.10.1998, TOP 3.

Kurz nach dem Gemeinderatsbeschluss erklärte die Interessengemeinschaft „Lebendiges Ludwigsburg“, dass sie ein Bürgerbegehren initiieren wollten. Hierzu hieß es in einer Presseerklärung, dass man zuversichtlich sei, die notwendige Unterstützung von 5.000[129] wahlberechtigten Bürgern zu erhalten. Denn die geplanten Maßnahmen würden dazu führen, dass ein ständiger Verkehrsstau entstehe, der zur Verstopfung der ganzen Innenstadt führe. Folge würde deren „Verödung“ sein: „Die Vernunft muss Vorrang haben vor irgendwelchen Ideologien. Wir treten dafür ein, dass Ludwigsburg eine lebendige Stadt bleibt.“[130]

Gleichzeitig forderte die Interessengemeinschaft die Stadtverwaltung auf, keine vollendeten Tatsachen zu schaffen und die in der Wilhelmstraße und am Schillerplatz geplanten Baumaßnahmen so lange zurückzustellen, bis der Bürgerentscheid erfolgt sei.[131] Tags darauf berichtete freilich die Ludwigsburger Kreiszeitung, dass der Oberbürgermeister das beabsichtigte Bürgerbegehren von vornherein für unzulässig hielt.[132]

4.2 Inhalt des Bürgerbegehrens

Die Unterschriftenlisten wurden Ende Oktober auf Zetteln verteilt sowie in Anzeigenform in der Ludwigsburger Kreiszeitung abgedruckt.[133]

Danach hieß es unter der Überschrift „Bürgerprotest für ein ‚Lebendiges Ludwigsburg‘“:

> „Die Interessengemeinschaft für ein ‚Lebendiges Ludwigsburg‘ ruft zu einem Protest der Bürger von Ludwigsburg gegen den Beschluss des Gemeinderates vom 21.10.1998 über die baulichen Veränderungen der Wilhelmstraße und am Schillerplatz auf.
>
> Mit diesem Bürgerprotest und dieser Unterschriftenaktion wollen wir dem Gemeinderat darlegen, dass eine Mehrheit der Bürger gegen diesen Beschluss ist und dieser aufgehoben werden sollte. Deshalb stellen wir die Frage:
>
> Sind Sie gegen die vorliegenden Pläne der Stadtverwaltung zum Rückbau der Wilhelmstraße auf 2 Fahrbahnen und Umbau des Schillerplatzes?

---

129 Das Quorum war 1998 abgesenkt worden, vgl. dazu 2.4.2.

130 Presseerklärung der Interessengemeinschaft v. 23.10.1998, S. 1 f., Stadtarchiv Ludwigsburg.

131 Vgl. Presseerklärung der Interessengemeinschaft v. 23.10.1998, S. 1, Stadtarchiv Ludwigsburg.

132 Vgl. Ludwigsburger Kreiszeitung v. 24.10.1998, S. 3.

133 Die Handzettel finden sich im Stadtarchiv Ludwigsburg, die Anzeige war abgedruckt in der Ludwigsburger Kreiszeitung v. 2.11.1998, S. 24.

Wir, die Unterzeichner, empfehlen, diese Frage mit JA zu beantworten. Begründung: Der Rückbau der Wilhelmstraße und die Veränderung des Schillerplatzes in der geplanten Form führen zu extremen Verkehrsbehinderungen, erschweren den Zugang zur Innenstadt, machen diese unattraktiv und ohne urbanes Leben. (Wie eine Wilhelmstraße mit nur 2 Fahrspuren sich auswirkt konnten wir in den letzten Tagen sehen.)[[134]]

Mit Ihrer Unterschrift in den ausgelegten Listen, in über 60 Geschäften in der Innenstadt, bringen Sie zum Ausdruck, dass Sie gegen den Beschluss des Gemeinderates vom 21.10.1998 protestieren und eine sinnvolle Lösung für eine attraktive und bürgernahe Innenstadt fordern.

Die Interessengemeinschaft für ein ‚Lebendiges Ludwigsburg', die diesen Bürgerprotest initiiert, wird gemäß den Vorschriften des § 21 (Kommunalwahlgesetz)[[135]] vertreten durch die Vertrauensleute Rolf Knecht […], Karl Moersch […] und Fred Oed […].

Unterstützen Sie diese Aktion mit Ihrer Unterschrift und senden diese an Rolf Knecht […] oder faxen Sie an […].[[136]]"

Bei den Vertrauensleuten *Knecht* und *Oed* handelte es sich um Unternehmer, während *Moersch* ein früherer FDP-Politiker war.[137]

Ein Hinweis auf die Unterstützung des Bürgerbegehrens aus der Kaufmannschaft in der Innenstadt ergibt sich auch daraus, dass dort in vielen Geschäften die Unterschriftenlisten ausgelegt worden sein sollen. Freilich ging aus der Unterschriftenliste mit keinem Wort ausdrücklich hervor, dass es sich um ein Bürgerbegehren handelte bzw. die Durchführung eines Bürgerentscheids beabsichtigt war.

---

134 Der Klammersatz war nur in der Zeitungsannonce enthalten.

135 Gemeint war wohl § 21 GemO oder § 41 KomWG, die das Bürgerbegehren regelten, während § 21 KomWG Bürgerbegehren und Bürgerentscheid nur indirekt betraf und regelte, dass die Wahlhandlung und die Feststellung des Wahlergebnisses bei Kommunalwahlen öffentlich erfolgten. Eine gesetzliche Regelung der Benennung von Vertrauenspersonen erfolgte erst im Jahr 2015, dazu s. unter 2.4.3.

136 Der letzte Satz war gleichfalls nur in der Annonce enthalten.

137 Dieser war von 1970 bis 1976 Parlamentarischer Staatssekretär und Staatsminister im Auswärtigen Amt und von 1971 bis 1974 Landesvorsitzender der FDP Baden-Württembergs gewesen, vgl. Meldung der Stuttgarter Zeitung v. 13.7.2017 anlässlich seines Todes vier Tage zuvor, online verfügbar unter https://www.stuttgarter-zeitung.de/inhalt.karl-moersch-ist-tot-frueherer-fdp-landesvorsitzender-gestorben.59fa3920-d5f4-4deb-9cc0-9725501b4fc4.html.

4.3 Unterschriftensammlung

Bis zum 17.11.1998 konnten in den Geschäften, auf die Zeitungsanzeige und andernorts 6.580 Unterschriften gesammelt werden. Denn mit einer solchen Zahl an Eintragungen in der Anlage beantragten die Vertrauensleute *Moersch* und *Knecht* an jenem Tag bei der Stadtverwaltung die Durchführung eines Bürgerentscheids.[138]

Wenige Tage darauf erschien in der Ludwigsburger Kreiszeitung eine Anzeige, in der es unter Bezugnahme auf die erfolgreiche Unterschriftensammlung seitens der Interessengemeinschaft hieß:

> „Mit ihrer Unterschrift haben 6580 wahlberechtigte Bürgerinnen und Bürger in Ludwigsburg bekundet, dass sie mit dem Gemeinderatsbeschluss vom 21. Oktober 1998 nicht einverstanden sind. [...] Der Konflikt ist jedoch lösbar. Der Gesetzgeber sieht für diesen Fall die geheime Abstimmung in einem Bürgerentscheid vor. Das ist nichts anderes als praktizierte Basis-Demokratie.
>
> Wir [...] danken allen, die sich unserem Protest angeschlossen haben. Wir wissen, dass es Stadtverwaltung und Gemeinderatsmehrheit nicht leichtfallen wird, auf das letzte Wort in diesem Streitfall zu verzichten. Dennoch erwarten wir von den Mitgliedern des Ludwigsburger Gemeinderates, dass sie sich dem Bürgervotum nicht versagen und durch die Respektierung des Bürgerwillens ihr ungestörtes Verhältnis zur Demokratie in der Kommune bekunden.“[139]

Mit dem letzten Absatz nahm die Interessengemeinschaft Bezug auf die Diskussion über die Zulässigkeit des Bürgerbegehrens, die nach dessen Ankündigung durch den Oberbürgermeister angestoßen worden war.[140]

4.4 Zulässigkeit des Bürgerbegehrens

So hatten die Initiatoren des Bürgerbegehrens bereits vor dessen Einreichung eine Stellungnahme der Rechtsanwaltskanzlei *Zuck & Quaas*, Stuttgart dazu eingeholt, ob Veränderungen an Straßen zum Gegenstand eines Bürgerentscheids gemacht werden könnten.

> Diese Frage war von den Rechtsanwälten mit Schreiben vom 16. November 1998 bejaht worden. Darin hieß es, dass die Stadt zwar bisher keinen Gebrauch von der Möglichkeit des § 21 Abs. 1 S. 3 GemO gemacht habe, durch Hauptsatzung über das gesetzliche Minimum hinaus zu bestimmen, was als wichtige Gemeindeangelegenheit gelten und damit bürgerentscheidsfähig sein sollte. Dies sei jedoch

138 Vgl. dazu Vorlage Nr. 010/99 v. 8.1.1999, Stadtarchiv Ludwigsburg.
139 Ludwigsburger Kreiszeitung v. 21.11.1998, S. 64.
140 Dazu s. unter 4.1 sowie Ludwigsburger Kreiszeitung v. 24.10.1998, S. 3.

insoweit unschädlich, als es sich nach zutreffender Auffassung bei der Wilhelmstraße um eine öffentliche Einrichtung i.S.v. § 21 Abs. 1 S. 2 Nr. 1 GemO handele.

Bei der Auslegung des Begriffs der öffentlichen Einrichtung müsse auf § 10 Abs. 2 GemO zurückgegriffen werden. Nach dieser Vorschrift habe die Gemeinde in den Grenzen ihrer Leistungsfähigkeit die für das wirtschaftliche, soziale und kulturelle Wohl ihrer Einwohner erforderlichen öffentlichen Einrichtungen zu schaffen, zu deren Benutzung die Einwohner im Rahmen des geltenden Rechts nach gleichen Grundsätzen berechtigt seien. Deshalb verstehe der VGH Mannheim[141] unter einer öffentlichen Einrichtung jede Zusammenfassung von Personen und Sachen, die von der Gemeinde im Rahmen ihres in § 1 Abs. 1 und § 2 GemO umschriebenen Wirkungskreises geschaffen und dem von dem Widmungszweck erfassten Personenkreis nach allgemeiner und gleicher Regelung zur Benutzung offenstehe. Diese Voraussetzung erfülle eine gemeindliche Straße. Zwar vertrete die h.M. in der Literatur, dass eine öffentliche Einrichtung dann nicht vorliege, wenn deren Benutzung unmittelbar jedermann zustehe. Diese Auffassung finde jedoch in der Rechtsprechung keine Stütze.[142]

Vor diesem Hintergrund hätte, so die Rechtsanwälte, eine verwaltungsgerichtliche Klage überwiegende Erfolgsaussichten, wenn der Gemeinderat die Zulässigkeit des Bürgerbegehrens deshalb verneinen würde, weil Straßen keine öffentliche Einrichtung seien. Der Konflikt müsste jedoch nicht ausgetragen werden, wenn der Gemeinderat durch Änderung der Hauptsatzung gem. § 21 Abs. 1 S. 3 GemO eine entsprechende Klarstellung schaffe.[143]

Gleichwohl ging die Verwaltungsvorlage vom 8. Januar 1999 dahin, dass der Gemeinderat den Antrag auf Durchführung eines Bürgerentscheids zurückweisen möge.[144]

Zur Begründung wurde angeführt, dass zwar der Antrag fristgemäß eingegangen sei und eine Überprüfung der Unterschriften durch das Bürger- und Ordnungsamt ergeben habe, dass 5.108 Unterschriften Ludwigsburger Bürger „anerkennungsfähig" und daher das erforderliche Quorum von 5.000 Unterschriften erreicht sei.

Zwar hatte das Bürgermeisteramt erwogen, ebenso wie beim ersten Ludwigsburger Bürgerbegehren die Anzahl der gültigen Unterschriften nach einem statistischen Stichproben-Modell zu ermitteln, ausweislich dessen mit einer Wahrscheinlichkeit von 90 Prozent anzunehmen sei, dass von den 5.108 nach der internen Überprüfung gültigen Unterschriften 128 nicht von den betreffenden Personen selbst geleistet worden seien und daher nicht berücksichtigt werden könnten. Allerdings habe das Regierungspräsidium die Auffassung vertreten, dass die Unterschriften

141 Vgl. VGH Mannheim VBlBW 1984, 25 ff.

142 Vgl. Schreiben der Anwaltskanzlei Zuck & Quaas an die Interessengemeinschaft v. 16.11.1998, S. 1 ff., Stadtarchiv Ludwigsburg.

143 Schreiben der Anwaltskanzlei Zuck & Quaas an die Interessengemeinschaft v. 16.11.1998, S. 7., Stadtarchiv Ludwigsburg.

144 Vorlage Nr. 010/99 v. 8.1.1999, Stadtarchiv Ludwigsburg.

grundsätzlich als echt anzusehen und statistische Stichprobenkontrollen unzulässig seien, weshalb die Verwaltung „dieses Terrain offiziell [sic!] nicht betreten“ wollte.[145]

Allerdings handele es sich entgegen der in dem durch die Initiatoren des Bürgerbegehrens eingeholten Gutachten vertretenen Auffassung bei einer Straße nicht um eine öffentliche Einrichtung. Selbst wenn man dies anders sehen würde, könnte nach dem Gesetzeswortlaut nur deren Einrichtung, wesentliche Erweiterung oder Aufhebung einem Bürgerentscheid zugänglich sein, nicht aber der vorliegend im Raum stehende Rückbau.

Zudem scheitere die Zulässigkeit des Bürgerbegehrens daran, dass die Bürger bei Eintragung in die Unterschriftenlisten nicht nur wissen müssten, dass sie einen allgemeinen „Bürgerprotest“ unterstützten, sondern dass ein förmliches Verfahren nach der Gemeindeordnung eingeleitet werden solle. Dieser Wille sei aus den Unterschriftenlisten nicht ersichtlich.[146]

In der Stadtpolitik, die bereits einen Monat zuvor durch ein Schreiben des Oberbürgermeisters an die Fraktionsvorsitzenden von der Auffassung der Verwaltung unterrichtet worden war,[147] sorgte der absehbare Unmut der Bürger für hektische Betriebsamkeit.

So wollte die CDU-Fraktion mit einem „Probelauf“ als Simulation der späteren Zweispurigkeit der Wilhelmstraße die Öffentlichkeit von dem Konzept des Gemeinderats überzeugen[148] - und damit gleichzeitig einen innerparteilichen Konflikt entschärfen.[149] Im Ergebnis wurde dieser Antrag jedoch vom Bauausschuss abgelehnt.[150] Ebenfalls im Dezember forderte der FDP-Ortsvorsitzende Johann Heer von den Stadträten, sich dem „Petitum“ der Bürger hinsichtlich der Durchführung des Bürgerentscheids nicht zu verschließen,[151] wobei unklar ist, ob sich diese Äußerung auf das Bürgerbegehren oder das seinerzeit bereits diskutierte Ratsbegehren bezog.

---

145 Interne Mitteilung der Stadtverwaltung v. 10.12.1998, 16.10 Uhr, Stadtarchiv Ludwigsburg.

146 Vgl. Vorlage Nr. 010/99 v. 8.1.1999, Stadtarchiv Ludwigsburg. In der Vorlage hieß es weiter, dass das Regierungspräsidium Stuttgart die Rechtsauffassung der Stadt mit Schreiben v. 28.12.1998 ausdrücklich bestätigt habe. Tatsächlich bezog sich dieses in der Anlage beigefügte Schreiben jedoch nur auf die Eigenschaft von Straßen als öffentlichen Einrichtungen. Die Auffassung der Verwaltung wurde jedoch durch ein internes Gutachten v. 7.12.1998 (Stadtarchiv Ludwigsburg) gestützt.

147 Schreiben v. 11.12.1998, Stadtarchiv Ludwigsburg.

148 Antrag der CDU-Gemeinderatsfraktion, Vorlage Nr. 470/98 v.1.12.1998, Stadtarchiv Ludwigsburg.

149 So ausdrücklich Ludwigsburger Kreiszeitung v. 28.11.1998, S. 3.

150 Vgl. dazu Bericht der Ludwigsburger Kreiszeitung v. 18.12.1998, S. 3.

151 Vgl. Ludwigsburger Kreiszeitung v. 22.12.1998, S. 3.

Die Initiatoren des Bürgerbegehrens forderten als Reaktion auf den Brief an die Fraktionsvorsitzenden, Zweifel an der Zulässigkeit des Bürgerbegehrens durch eine Änderung der Hauptsatzung auszuräumen. Sinn und Zweck von Bürgerentscheiden sei schließlich, „durch ein Mehrheitsvotum eine Kluft zu schließen, die durch eine strittige Sache entstanden ist."[152]

Das änderte jedoch nichts daran, dass der Gemeinderat am 3. Februar 2003 den von den Vertrauensleuten des Bürgerbegehrens gestellten Antrag auf Durchführung eines Bürgerentscheids der Vorlage der Verwaltung und einem Empfehlungsbeschluss des Verwaltungsausschusses folgend einstimmig, jedoch bei fünf Enthaltungen zurückwies.[153]

4.5 Ratsbegehren

Dass gegen diesen Beschluss nach dessen Bekanntgabe keine Rechtsmittel eingelegt wurden, mag mit einem bereits zuvor gestellten Antrag der Fraktion der FWV im Gemeinderat zusammenhängen.

Diese hatte bereits am 18. Dezember 1998 verlangt, im Gemeinderat baldmöglichst die Beschlussfassung über einen „Bürgerentscheid in Sachen Rückbau Wilhelmstraße/Schillerplatz" herbeizuführen.[154] Der Antrag stand seinerseits im Zusammenhang damit, dass am Vortag im Bauausschuss deutlich geworden war, dass sich CDU, SPD und Grüne die Durchführung eines Ratsbegehrens vorstellen konnten, wenn auch unter Bedingungen: Die SPD wollte einem entsprechenden Antrag nur zustimmen, wenn bis zum Bürgerentscheid mindestens drei Monate Zeit blieben, um die Bürger „mit professionellen Methoden" über die Umbaupläne zu informieren. Gleichzeitig dürften die Fördergelder durch eine Verzögerung des Vorhabens nicht gefährdet werden.[155] Dass die letzte Bedingung erfüllt sein dürfte, berichtete die Ludwigsburger Kreiszeitung am Tag nach dem FWV-Antrag: Das Wirtschaftsministerium habe auf Anfrage erklärt, dass die Zuschüsse nicht an dem Bürgerentscheid scheitern sollten.[156]

---

152 Ludwigsburger Kreiszeitung v. 16.12.1998, S. 3.

153 Vgl. Niederschrift der Sitzung des Gemeinderats v. 3.2.1999, TOP 1.

154 Antrag der FWV-Gemeinderatsfraktion, Vorlage Nr. 004/99 v. 18.12.1998, Stadtarchiv Ludwigsburg.

155 Meldung der Ludwigsburger Kreiszeitung v. 18.12.1998, S. 3; vgl. weiter Ludwigsburger Kreiszeitung v. 28.12.1998, S. 3 (CDU: Bürgervotum nach Ablehnung des Probelaufs „zweitbeste Lösung") und v. 29.12.1998, S. 4 (Grüne wollen Bürgerentscheid zustimmen).

156 Ludwigsburger Kreiszeitung v. 19.12.1998, S. 3.

Den politischen Vorgaben der Fraktionen folgend hatte das Bürgermeisteramt zur Sitzung des Gemeinderats am 3. Februar 1999 neben der Ablehnung des Bürgerbegehrens bereits weitere Verwaltungsvorlagen ausgearbeitet, mit denen der Bürgerentscheid ermöglicht werden konnte

So sollte zunächst – folgerichtig zu der von Verwaltung und Regierungspräsidium hinsichtlich des Bürgerbegehrens vertretenen Auffassung – vorgeschlagen worden, § 4 der Hauptsatzung, welcher die Zuständigkeiten des Gemeinderats regelte, um einen Abs. 2 mit folgendem Wortlaut zu erweitern:

> „Der Gemeinderat entscheidet über die Durchführung eines Bürgerentscheides und die Zulässigkeit eines Bürgerbegehrens bei wichtigen Gemeindeangelegenheiten (§ 21 Abs. 1 Satz 3 GemO). Als wichtige Gemeindeangelegenheit gilt auch die Neugestaltung der Innenstadtachse Wilhelmstraße/Arsenalstraße/Schillerplatz."[157]

Aufgrund dieser Neuregelung sollte der Gemeinderat sodann beschließen, dass am Sonntag, den 21. März 1999 ein Bürgerentscheid über die Neugestaltung der Innenstadtachse durchgeführt werde.
Dabei sollte die Abstimmungsfrage lauten:

> „Sind Sie für die vom Gemeinderat beschlossene Neugestaltung der Innenstadtachse Wilhelmstraße/Arsenalstraße/Schillerplatz?"[158]

Weiter sollte zehn Tage vor dem Bürgerentscheid eine Informationsveranstaltung durchgeführt und der Oberbürgermeister gem. § 21 Abs. 5 GemO beauftragt werden, diese vorzubereiten sowie die im Gemeinderat zum Gegenstand des Bürgerentscheids vertretenen Auffassungen darzustellen.[159]

In der Beschlussvorlage wies die Verwaltung zutreffend darauf hin, dass für die Durchführung des Bürgerentscheids eine Mitgliedermehrheit von zwei Dritteln erforderlich sei.[160]

Dieses Mehrheitserfordernis konnte erfüllt werden: Nach den politischen Festlegungen im Vorfeld folgte der Gemeinderat den Verwaltungsvorlagen jeweils einstimmig ohne Enthaltungen.[161]

---

157 Vorlage Nr. 006/99 v. 22.12.1998, Stadtarchiv Ludwigsburg. Freilich sollte diese Änderung nicht zu einer Zulässigkeit des Bürgerbegehrens führen, was sich bereits aus der Beratungsfolge ergab: In der Tagesordnung war die Beratung über die Änderung der Hauptsatzung erst nach der Beschlussfassung über das Bürgerbegehren vorgesehen.

158 Vorlage Nr. 008/99 v. 28.12.1998, Stadtarchiv Ludwigsburg.

159 Vgl. Vorlage Nr. 008/99 v. 28.12.1998, Stadtarchiv Ludwigsburg.

160 Vgl. Vorlage Nr. 008/99 v. 28.12.1998, Stadtarchiv Ludwigsburg und oben unter 2.3.3.

161 Vgl. Niederschrift der Sitzung des Gemeinderats v. 3.2.1999, TOP 2 bzw. 3; zur ebenfalls einstimmigen Vorberatung im Verwaltungsausschuss vgl. Ludwigsburger Kreiszeitung v. 22.1.1999, S. 1 und 3.

Die Interessengemeinschaft, die das Bürgerbegehren initiiert hatte, begrüßte diesen Beschluss des Gemeinderats und erklärte, dass der Versuch des Oberbürgermeisters, dem Bürgerprotest mit rechtlichen Belehrungen zu begegnen, von Anfang an zum Scheitern verurteilt gewesen sei.[162] In der Sache dürfte dem Gemeinderat die Entscheidung für einen Bürgerentscheid freilich auch deshalb leichter gefallen sein, weil Mitte Dezember ein breites Bündnis von Befürwortern des Rückbaus der Wilhelmstraße angekündigt hatte, Unterschriften zu sammeln. Dieses bestand u.a. aus ADFC, BUND, Kinderschutzbund, Naturschutzbund und VCD.[163] Ebenfalls bereits vor der Entscheidung des Gemeinderats hatte sich eine neue Interessengemeinschaft Innenstadtachse gegründet, die sich als Gegenpart zu der Initiatorin des Bürgerbegehrens sah und prominent besetzt war.[164]

4.6 Abstimmungskampf

Bis zum Tag des Bürgerentscheids wurde die Auseinandersetzung mit allen zu Gebote stehenden Mitteln geführt. Insbesondere die Stadtverwaltung zeigte keine Zurückhaltung: War in der Beschlussvorlage für die Gemeinderatssitzung am 3. Februar noch von Kosten i.H.v. etwa 110.000 DM die Rede, und hatte der Gemeinderat über die Durchführung einer Informationsveranstaltung hinaus keine konkreten Maßnahmen beschlossen,[165] so betonte der Oberbürgermeister bereits wenige Tage später in einer Verfügung an die Dezernenten und Amtsleiter, dass der Gemeinderat den Auftrag an die Verwaltung erteilt habe, „eine möglichst offensive Öffentlichkeitsarbeit zu betreiben, um viele Ludwigsburgerinnen und Ludwigsburger zur Abgabe einer Ja-Stimme zu motivieren." Dafür arbeite man mit einer insoweit erfahrenen Agentur zusammen. In der Innenstadt solle ein Informationszentrum entstehen, das bereits am 22. Februar eröffnet werde und an den Folgetagen bis zum Bürgerentscheid täglich von 11.00 bis 19.00 Uhr bzw. samstags von 10.00 bis 14.00 Uhr geöffnet habe. Dort werde eine

162 Ludwigsburger Kreiszeitung v. 5.2.1999, S. 3.

163 Ludwigsburger Kreiszeitung v. 16.12.1998, S. 3.

164 U.a. mit Stadträten bzw. früheren Stadträten, dem Kreishandwerksmeister sowie den Vorsitzenden von Stadtseniorenrat, Verkehrsverein und Bürgerverein Lebenswerte Innenstadt, vgl. Ludwigsburger Kreiszeitung v. 30.1.1999, S. 8 und 29.1.1999, S. 3.

165 Vgl. Vorlage Nr. 008/99 v. 28.12.1998, Stadtarchiv Ludwigsburg und oben unter 4.5.

Dauerausstellung errichtet. Zusätzlich solle es Fachvorträge und ggf. kulturelle Veranstaltungen geben.

> Als „Basisbetreuung" müssten ständig ein bis zwei Mitarbeiter der Verwaltung anwesend sein, zusätzlich werde es besondere Sprechstunden mit den Dezernenten bzw. Fachleuten geben. Jeder Verwaltungsmitarbeiter, der Interesse an einer Mitarbeit habe, werde von seinen sonstigen Pflichten freigestellt. Eine Überschreitung der maximal anrechenbaren Überstundenzahl sei als genehmigt anzusehen.[166]

Auch eine Verzahnung der Stadtverwaltung mit der Bürgerinitiative, welche den Beschluss des Gemeinderats unterstützte, war geplant. So ging aus einem internen Konzeptpapier der Stadt zur Öffentlichkeitsarbeit hervor, dass Vertreter der Stadt bereits an der konstituierenden Sitzung der Initiative teilgenommen hatten.

> Die Bürgerinitiative sollte zwar autonom handeln, sich aber auf logistische Unterstützung der Verwaltung verlassen können. So war für die erste Pressekonferenz der Initiative ein Textentwurf für die Einladung an die Presse, ein Argumentationspapier zur Umbaumaßnahme und ein „Briefing" durch die Stadt vorgesehen. Zudem sollte die Initiative beispielsweise an der Veranstaltungsreihe im Informationszentrum mitwirken, Informationsstände in der Fußgängerzone betreuen, Plakate und Flugblätter verteilen sowie Bekenneranzeigen und Leserbriefe in der Ludwigsburger Kreiszeitung veröffentlichen.[167]

Im Abstimmungskampf selbst wurde eine Vielzahl von Flugblättern und Flugschriften verteilt, sowohl vonseiten der Gegner als auch der Befürworter des Gemeinderatsbeschlusses zum Rückbau der Wilhelmstraße, wobei letztere vor dem Hintergrund der städtischen Unterstützung klar im Vorteil waren.

So gab die Stadtverwaltung selbst eine vierseitige Informationsschrift heraus, die mit einer Auflage von 75.000 Exemplaren und unter dem Logo „Erlebnis Innenstadt – Ja!" auf drei Seiten für die Pläne des Gemeinderats warb und lediglich auf einem Teil der letzten Seite den Fraktionen Gelegenheit zur Stellungnahme gab. Von diesen äußerten sich FWV und REP gegen die Pläne, während alle anderen die Beschlüsse unterstützten.[168] Ein weiteres Faltblatt, erneut mit einer Auflage von 75.000 Exemplaren gedruckt, ließ die Gegner überhaupt nicht mehr zu Wort kommen.[169]

---

166 Verfügung v. 11.2.1999, Stadtarchiv Ludwigsburg.

167 Vgl. Gesamtkonzeption der Öffentlichkeitsarbeit zum Bürgerentscheid am 21.3.1999, DI_F110, Stadtarchiv Ludwigsburg.

168 Vgl. Informationsschrift „Bürgerentscheid am 21. März 1999", Stadtarchiv Ludwigsburg.

169 Vgl. Faltblatt „Bürgerentscheid" mit dem Logo „Erlebnis Innenstadt – Ja!", Stadtarchiv Ludwigsburg.

In einem Faltblatt der Initiative Innenstadt, die unter www.wilhelmstr.de eine Informationshomepage eingerichtet hatte, warben Ludwigsburger Bürger mit ihren Bildern für ein „Ja" beim Bürgerentscheid und erklärten, dass Busse, Radfahrer, Autos und Fußgänger gleichermaßen zu ihrem Recht kommen sollten, ein Bummel auf einem breiten Boulevard Spaß mache und sie in einem Straßencafé an der Wilhelmstraße sitzen wollten.[170] Und NABU, ADFC, VCD sowie Kinderschutzbund u.a. forderten ebenfalls unter dem Signet der städtischen Kampagne auf, das Informationszentrum zu besuchen.[171]

Auf der anderen Seite gab die Interessengemeinschaft „Lebendiges Ludwigsburg" ein gemeinsames Faltblatt mit der CDU-Jugendorganisation Junge Union Ludwigsburg und der Mittelstandsvereinigung heraus. Darin wurde darauf hingewiesen, dass die Innenstadt dadurch gefährdet sei, dass es immer mehr Einkaufsmöglichkeiten vor den Toren der Stadt gebe, die verkehrsgünstig erreichbar seien und kostenlose Parkplätze anböten, während die „Nadelöhr-Politik" die Geschäfte in der Innenstadt weiter benachteilige:

> „Tatsache ist: Nur Innenstädte, die auch für Autofahrer gut erreichbar sind und günstige Parkmöglichkeiten besitzen, werden künftig attraktive Einkaufsmöglichkeiten bieten; Innenstädte mit künstlich erschwertem Zugang veröden – eine schöne Innenstadt ist nicht automatisch auch eine attraktive und lebendige Innenstadt."[172]

Dabei wurde auf frühere „Fehlentscheidungen" des Gemeinderats hingewiesen, die Vertrauen zerstört hätten, und betont, dass andere Projekte vordinglicher seien: etwa die Untertunnelung der B 27 in Eglosheim, die Verbesserung der Kanalisation in Oßweil und die Schaffung von Parkmöglichkeiten in der Innenstadt.[173] Die Auflage des Faltblattes betrug 40.000 Exemplare, die einer weiteren Broschüre der Umbaugegner 15.000 Exemplare. Diese ärgerten sich freilich über die Stadt, die ihnen Raum im Informationszentrum gewähren und die Aufstellung von mehr als 70 Plakatständern genehmigen solle.[174]

Am Tag nach dem Bürgerentscheid berichtete die Ludwigsburger Kreiszeitung, dass bis zuletzt beide Seiten mit Flugblättern, Luftballons und

---

170 Faltblatt „Wir stimmen mit Ja", Stadtarchiv Ludwigsburg.

171 Vgl. Faltblatt „Warum ist der Umbau der Innenstadtachse gerade jetzt so wichtig?", Stadtarchiv Ludwigsburg.

172 Faltblatt „Mit einem Nein eine positive Entwicklung für Ludwigsburg", Stadtarchiv Ludwigsburg.

173 Vgl. Faltblatt „Mit einem Nein eine positive Entwicklung für Ludwigsburg", Stadtarchiv Ludwigsburg.

174 Vgl. Ludwigsburger Kreiszeitung v. 26.2.1999, S. 3.

Aufklebern in der Innenstadt um die Stimmen der Ludwigsburger Bürger geworben hätten.[175] Auch füllte die Diskussion die Leserbriefspalten.[176]

Das Engagement der Stadtverwaltung im Abstimmungskampf zeigt sich auch darin, dass die Kosten für die städtische Kampagne deutlich höher als 100.000 DM ausfielen, und zwar selbst ohne Einbeziehung von Personal- und kalkulatorischen Kosten. So bezifferte das Büro des Oberbürgermeisters die Kosten nach Abschluss der Kampagne auf rund 187.500 DM. Darin enthalten waren Positionen für die Konzeptionierung und das Signet, für Plakate und Aufkleber, für das Informationszentrum sowie knapp 4.000 DM für die vom Gemeinderat beschlossene Informationsveranstaltung.[177]

4.7 Erfolg

Trotz der massiven Werbung durch die Stadtverwaltung stimmten schließlich beim Bürgerentscheid am 21. März 1999 die relativ meisten Ludwigsburger mit „Nein": 17.164 gültigen Nein-Stimmen standen lediglich 8.929 Ja-Stimmen gegenüber; 39 Stimmen waren ungültig. Allerdings war damit das Quorum von 30 Prozent der Stimmberechtigten für einen wirksamen Bürgerentscheid, das bei insgesamt 60.010 Stimmberechtigten eine Zustimmung oder Ablehnung von 18.003 Bürgern erfordert hätte, verfehlt worden. Die Stimmbeteiligung insgesamt betrug rund 43,5 Prozent.[178]

Das Ergebnis wurde von beiden Seiten unterschiedlich bewertet. Während die früheren Betreiber des Bürgerbegehrens davon ausgingen, dass die bisherige Planung erledigt sei und forderten, ein neuen Planungsbüro zu beauftragen, „diesmal mit einer autofreundlichen Einstellung", wurden von der Initiative Innenstadt teilweise diejenigen, die sich nicht an der Abstimmung beteiligt hatte, zu den Ja-Stimmen gerechnet und auf diese Weise eine Mehrheit von über 70 Prozent für den Rückbau konstruiert, oder zumindest

175 Vgl. Ludwigsburger Kreiszeitung v. 22.3.1999, S. 4.

176 Allein in der Ludwigsburger Kreiszeitung v. 13.3.1999, S. 8 wurden zehn Leserbriefe abgedruckt.

177 Vgl. Abrechnung v. 29.6.1999, Stadtarchiv Ludwigsburg. Über die Kosten berichtete auch die Ludwigsburger Kreiszeitung v. 1.7.1999, S. 3; zur Diskussion darum, dass der Oberbürgermeister diese Mittel im Wege einer Eilentscheidung freigegeben hatte, vgl. Bornemann, Stuttgarter Zeitung v. 2.8.1999, S. 19.

178 Zum Abstimmungsergebnis vgl. Allgöwer, Stuttgarter Zeitung v. 22.3.1999, S. 21 sowie die detaillierte Aufschlüsselung des Ergebnisses nach Stimmbezirken in der Ludwigsburger Kreiszeitung v. 22.3.1999, S. 4; zum Quorum s. unter 2.4.1.

auf die Zeit nach der nächsten Kommunalwahl gehofft. Eine andere Lösung als der Rückbau komme jedenfalls nicht in Betracht.[179]

Einen Monat nach dem Bürgerentscheid hielt die Ludwigsburger Kreiszeitung fest, die Wilhelmstraße bleibe zunächst in ihrem bisherigen Zustand bestehen. Zwar sei der Gemeinderat durch den unwirksamen Bürgerentscheid „wieder zum Herrn des Verfahrens" geworden, habe sich aber nicht zu einer Lösung durchringen können.[180] Nun äußerten die meisten Fraktionen, dass eine Entscheidung in der laufenden Wahlperiode nicht mehr zu erwarten und vielmehr der neue, Ende Oktober zu wählende Gemeinderat sich der Angelegenheit annehmen müsse.[181]

179 Vgl. Ludwigsburger Kreiszeitung v. 23.3.1999, S. 3.
180 Maier-Stein, Ludwigsburger Kreiszeitung v. 23.4.1999, S. 3.
181 Vgl. Ludwigsburger Kreiszeitung v. 23.4.1999, S. 3.

5. Bürgerbegehren zur Sandskulpturenausstellung (2013)

Markus Iwan Pauzar[*]

Bereits im März, vor der Sandskulpturenausstellung auf der Bärenwiese in Ludwigsburg, die vom 1. Mai bis 29. September 2013 geplant war, gab es Proteste unter den Einwohnern. Sie fürchteten den Lärm, sprachen von einer „Partymeile“ und forderten einen Bürgerentscheid. „Wehren Sie sich!!!“ hieß auf einem anonym verfassten Flugblatt, das unter Anwohnern verteilt wurde. Zu befürchten sei eine „Partymeile vor Ihrer Haustür. 153 Tage lang. Mit 1836 Stunden Beschallung ohne Kontrolle“.[182]

Michael Benz, der Geschäftsführer der Stuttgarter Agentur *Sevencity*, die das Event organisierte, wollte die „Sandwelt“ als Kunst-, und nicht als Party-Event verstanden wissen. Der Vorwurf, die Anwohner würden „1836 Stunden beschallt“, sei nach Angaben des Rathaus-Pressesprechers *Peter Spear* „an den Haaren herbeigezogen“: Genehmigt seien nur dreieinhalb Stunden Live-Musik pro Woche; eine „Partyzone“ sei ausdrücklich ausgeschlossen und das Gelände werde um 22 Uhr abgeschlossen. Eine „gemütliche Wohlfühloase“ solle geschaffen werden, ein „Ort zum Schlendern in familiärer Atmosphäre, mit einer Lounge, Liegestühlen, einer Spielecke für Kinder – und mit 1000 Tonnen Sand.“ 16 Künstler „aus der ganzen Welt“, die „Crème de la Crème“ der sogenannten „Carver-Szene“, sollten bis zu acht Meter hohe Sandskulpturen (diese orientieren sich am Barock und sind bspw. Schlössern, Königen und Fürsten nachempfunden) dem geneigten Publikum präsentieren.

Sevencity rechnete mit bis zu 200.000 zahlenden Besuchern. Von einem „Mega-Event“ könne trotzdem keine Rede sein: „Die Inhalte in dem Flugblatt sind falsch“ teilte *Benz* der Stuttgarter Zeitung mit. „Die Sorgen sind unbegründet“, sagte auch *Martin Boy* von dem städtischen Eigenbetrieb „Tourismus & Events Ludwigsburg“ und erklärte, dass auch auf ökologische Aspekte geachtet werde: „Die Wiese wird nachher mindestens genauso so gut aussehen wie jetzt“.[183]

---

* Gewidmet ist der Beitrag meiner Frau Nadja.

182 Höhn, Stuttgarter Zeitung v. 24.3.2013.

183 Höhn, Stuttgarter Zeitung v. 24.3.2013.

In einem der, wie es die Stuttgarter Zeitung ausdrückt, „kritischen Briefe“, die sich gegen das Vorhaben richteten, wurde ein Bürgerentscheid über das Event gefordert. Die Stadt habe versäumt, die Interessen der Anwohner zu wahren, heißt es dort. Auch dies wies Rathaus-Pressesprecher *Peter Spear* zurück. Es sei aufgrund der Auflagen gewährleistet, dass es nicht zu einer dauerhaften Lärmbelästigung komme. Es gehöre „zur Aufgabe einer Verwaltung, verantwortlich abzuwägen zwischen Ruhebedürfnis der Anwohnerschaft und attraktivem Freizeitangebot.“[184]

Trotz der Flugblätter ist auch keine weitere Initiative bekannt geworden, tatsächlich ein Bürgerbegehren einzuleiten und Unterschriften zu sammeln. Folglich ist es auch nicht zu einem Bürgerentscheid gekommen. Die Sandskulpturenausstellung fand wie geplant, wenn auch mit einer Woche Verspätung, statt;[185] die Bilanz war positiv.[186] Eine Neuauflage wurde „ungeachtet der Proteste im Frühjahr“ nicht ausgeschlossen,[187] wenn auch frühestens 2015.[188]

Für 2014 suchte die Veranstaltungsagentur nach einer anderen Kommune in Baden-Württemberg, da Ludwigsburg ablehnte. Inwieweit die Stadt damit auf die Proteste reagierte, ist unklar: In einem anonymen Leserbrief erklärte ein Mann in der „Stuttgarter Zeitung“, dass der „energische [...] Protest schon sicher“ sei, sollte die „Sandwelt“ zurückkehren.[189] Ob nun die Proteste dafür verantwortlich waren oder der Umstand, dass die Ausstellung in Ludwigsburg nicht wie geplant bis zu 200.000, sondern nur 150.000 Besucher angelockt hatte: Tatsächlich fand die Ausstellung bislang nicht mehr in Ludwigsburg statt.[190]

---

184 Höhn, Stuttgarter Zeitung v. 24.3.2013. Das Flugblatt, das zu dem Bürgerentscheid aufrief, befindet sich nach eigenen Angaben nicht im Besitz von Michael Benz. Er wisse auch nicht mehr, als in der Zeitung stünde, so Benz in einer E-Mail vom 30.11.2021 an den Verfasser. Benz verwies auf Herrn Martin Boy vom städtischen Eigenbetrieb „Tourismus & Events Ludwigsburg“, der jedoch nicht mehr dort tätig ist. Weiter befindet sich das Flugblatt nicht in den Beständen des Stadtarchivs Ludwigsburg. Insbesondere wird es weder in den öffentlichen noch in den nichtöffentlichen Gemeinderatsprotokollen erwähnt.

185 Stuttgarter Zeitung v. 10.5.2013, S. 23.

186 Stuttgarter Zeitung v. 30.9.2013, S. 18.

187 Stuttgarter Zeitung v. 30.9.2013, S. 19.

188 Stuttgarter Zeitung v. 29.10.2013, S. 21.

189 Stuttgarter Zeitung v. 29.10.2013, S. 21.

190 Stattdessen wurde mit zwei Städten in Bayern und Norddeutschland verhandelt, vgl. Höhn, Stuttgarter Zeitung v. 9.5.2015.

6. Bürgerbegehren „Radentscheid Ludwigsburg“ (2020)

David Wanner[*]

Der Radentscheid Ludwigsburg ist eine Initiative der Kooperation „Klimawende von unten“ die sich aus dem Umweltinstitut München, BürgerBegehren Klimaschutz e.V. und Mehr Demokratie e.V. zusammensetzt. Das Ziel dieser Kooperation ist es, mittels direkter Demokratie, bundesweit Bürgerbegehren anzustoßen, um so eine Energie- und Verkehrswende anzustreben.[191] In einem Einführungstext mit Bezug auf die Stadt Ludwigsburg heißt es:

> „Der Stickstoffdioxid-Grenzwert für die innerstädtische Atemluft liegt bei 40 Mikrogramm pro Kubikmeter. Ludwigsburg wies 2018 mit 51 Mikrogramm pro Kubikmeter deutschlandweit einen der höchsten Jahresmittelwert für Stickstoffdioxid auf. Mit einem Bürgerbegehren kannst Du dafür sorgen, dass die Radinfrastruktur ausgebaut wird und damit mehr Menschen das Fahrrad als Hauptverkehrsmittel nutzen. So wird nicht nur die Luft in Ludwigsburg wieder gesünder – es steigen auch die Sicherheit und die Lebensqualität.“[192]

Dabei soll Ludwigsburg dem Beispiel Berlins folgen. Dort hatte im Jahre 2018 der „Volksentscheid Fahrrad“ dafür gesorgt, dass Berlin als erste Stadt Deutschlands ein Mobilitätsgesetz verabschiedet hat. Angaben im Internet zufolge gibt es allerdings schon diverse Nachahmer. So soll es zwischen 2018 und 2020 zu zehn, elf bzw. 17 neuen Radentscheiden p.a. gekommen sein und sollen bis März 2021 insgesamt 911.516 Menschen für 44 Radentscheide ihre Unterschrift gegeben haben.[193] Im Großraum Stuttgart wurden

---

* Gewidmet ist der Beitrag meinem Professor Christopher Schmidt, meiner Mutter Katharina Wanner-Fromm, meinem Stiefvater Matthias Fromm, meinem Freund Denis Erkal und meiner Verlobten Karla Villanueva.

191 Vgl. Klimawende von unten, Projektbeschreibung, https://www.klimawende.org/ueber-uns/.

192 Klimawende von unten, Radentscheid Ludwigsburg, https://www. klimawende.org/ludwigsburg-standort-radentscheid/.

193 Vgl. Klimawende von unten, Radentscheid starten, https://www.klimawende.org/themen/vorfahrt-fuer-fahrraeder-erkaempfen/.

entsprechende Verfahren in der Landeshauptstadt[194] sowie in den Städten Tübingen[195] und Esslingen[196] angestrengt.

Durch Radentscheide sollen allgemein Maßnahmen erreicht werden, die den Schutz von Fahrradfahrern fördern und die Lebensqualität der Städte verbessern.

> Als besonders fahrradfreundliche Kommune nennt die Initiative unter anderem Kopenhagen. Dort werden Radwege gut ausgebaut und im Winter als erstes, noch vor den Straßen geräumt. Eine Mobilitätswende sei auch unter anderem in Paris, Wien und London angeschoben worden. In der Folge seien in diesen Städten die Feinstaub- und Stickoxidwerte gesunken. In Deutschland hingegen, erreichen die Werte in Städte gesetzeswidrige Höhen. Fahrradwege seien in Deutschland in einem schlechten Zustand. Die Folge sei, dass Kinder, ältere Menschen und unerfahrene Fahrer, das Fahrrad nicht nutzen. Zudem würden z.B. in Berlin noch immer 60 Prozent der Straßen in Berlin für den Automobilverkehr genutzt und nur 3 Prozent für Fahrradwege.[197]

Vom Vorgehen her soll zu Beginn die Situation in der jeweiligen Stadt analysiert und eingeschätzt werden. Dies soll durch den Dialog mit Umweltschützern, Kommunalpolitikern, Ortsgruppen des ADFC und des VCD und Fahrradfahrern vor Ort gelingen. Zudem soll mit der Empfehlung für Radverkehrsanlagen (ERA) verkehrsplanerisches Fachwissen angeeignet werden. Zur Zusammenarbeit mit gemeindlichen Organen, etwa dem Gemeinderat oder dem Hauptverwaltungsbeamten, heißt es auf der Homepage:

> „Wenn wir von Beginn an Vertreter:innen der kommunalen Verwaltung mit ihrer Expertise und ihren Vorstellungen einbeziehen, erhöht das die Chance, dass nach einem erfolgreichen Radentscheid dessen Umsetzung reibungslos verläuft. Das funktioniert aber natürlich nur, wenn sie unseren Ideen gegenüber aufgeschlossen sind.“

Empfohlen wird, zwischen fünf und zehn Ziele zu formulieren, um aufzuzeigen, dass es nicht nur um Einzelmaßnahmen geht, während eine zu große Anzahl an Zielen dazu führen würde, dass das Bürgerbegehren vor potentielle Unterzeichner verwirrend wäre. Die Forderungen innerhalb des Bürgerbegehrens, hängen von den Möglichkeiten der Realisierung von Projekten ab. Die Initiative empfiehlt dabei die Forderungen mit Zeitvorgaben zu kombinieren, um so eine Verzögerungstaktik der Gemeinde vorzubeugen.

---

194 Vgl. Schmidt, Stuttgart, S. 127 sowie die Homepage der Initiative unter https://radentscheid-stuttgart.de/.

195 Vgl. Schmidt, Tübingen, S. 95 sowie die Homepage der Initiative unter https://radentscheidtuebingen.wordpress.com/.

196 Vgl Homepage der Initiative unter https://fuss-radentscheid-esslingen.de/.

197 Klimawende von unten, Radentscheid starten, https://www.klimawende.org/themen/vorfahrt-fuer-fahrraeder-erkaempfen/.

Das Portfolio des „Volksentscheid Fahrrad" habe sich mit den Projekten entwickelt und so Argumentationsbausteine und Argumentationsformen kreiert. [198]

Diese Bausteine finden sich im sogenannten „Radentscheid-Baukasten" wieder, in dem einige Kernziele formuliert sind.

Eine der Kernforderungen ist ein lückenloses Netz aus sog. Hauptradrouten. Dabei sollen Knotenpunkte der Stadt mit Radwegen verknüpft werden. Dies könne ein zusammenhängendes Netz fahrradgerechter Schulwegrouten beinhalten.

Eine weitere Forderung sind sichere Radwege an den Hauptstraßen. Die Initiative schreibt hierzu:

> „Straßen mit Regelgeschwindigkeit über 30 Kilometer pro Stunde erhalten breite, vom restlichen Verkehr baulich getrennte Fahrradwege, die auch für Kinder und Senioren mühelos befahrbar sind. Je nach Größe der Kommune reichen die Forderungen von zwei bis 30 Kilometern jährlichem Zubau."[199]

Zudem sollen fahrradfreundliche Nebenstraßen erschlossen werden. Die Kommune solle Fahrradstraßen ausweisen und Einbahnstraßen für Fahrradverkehr öffnen. Alternativ könnten Straßen als Sackgassen für Autos erklärt werden. Die Zielgröße liege zwischen drei und 15 Kilometern Ausweisung pro Jahr.

Ein weiteres Kernziel der Initiative ist der Bau von Fahrrad-Parkhäuser mit sicheren Abstellvorrichtungen an Bahnhöfen und anderen zentralen Orten durch die Kommune. Außerdem sollen an Schulen sowie Kultur- und Sporteinrichtungen Fahrradbügel errichtet werden.

Rad- und Gehwege sollen barriere- und hindernisfrei geplant bzw. umgebaut werden. Hierzu heißt es:

> „Die Kommune senkt Bordsteinkanten an Kreuzungen und Einmündungen vollständig ab. Sie reinigt die Wege regelmäßig und räumt und streut sie bei Schnee und Glätte. Außerdem überprüft sie Rad- und Gehwege regelmäßig auf Mängel und Gefahrenstellen und beseitigt diese zeitnah. Dem Radverkehr gewidmete Wege müssen, Gehwege sollen frei von Hindernissen wie Pollern, Masten oder hineinragenden Schildern sein."[200]

Den Belangen von Pendlern könnten Kommunen mithilfe von Radschnellwegen gerecht werden. Dabei soll mit anderen Gemeinden kooperiert

---

198 Vgl. Klimawende von unten, Radentscheid starten, https://www.klimawende.org/themen/vorfahrt-fuer-fahrraeder-erkaempfen/.

199 Klimawende von unten, Radentscheid starten, https://www.klimawende.org/themen/vorfahrt-fuer-fahrraeder-erkaempfen/.

200 Klimawende von unten, Radentscheid starten, https://www.klimawende.org/themen/vorfahrt-fuer-fahrraeder-erkaempfen/.

werden, um solche Wege über die Gemeindegrenzen hinaus zu ermöglichen. Die Stadtvertretung soll aufgefordert werden, auf Nachbarkommunen zuzugehen, um solche Verbindungen zu schaffen.

Weitere Ziele der Kampagne sind u.a. die Schaffung einer speziellen Verwaltungseinheit für die Radverkehrsförderung einschließlich Kampagnen und Programmen, die über die Vorteile des Radverkehrs informieren, ferner die Bereitstellung eines transparenten Online-Mängelregisters, der Aufbau eines günstigen oder kostenlosen E-Bike- oder Lastenrad-Verleihs und jährliche Berichte der Verwaltung über den Umsetzungsstand des Radentscheids.[201]

Konkrete, auf Ludwigsburg zugeschnittene Ziele sind bisher nicht bekannt geworden, so dass sich die Initiative zumindest derzeit in einer frühen Planungsphase befindet. Allerdings können Radentscheids-Initiativen auch außerhalb des formalen Verfahrens erfolgreich sein. So schreibt sich eine Stuttgarter Initiative einen Beschluss des Gemeinderats aus dem Jahr 2019 auf die Fahnen.[202]

201 Zu allen Zielen Klimawende von unten, Radentscheid starten, https://www.klimawende.org/themen/vorfahrt-fuer-fahrraeder-erkaempfen/.

202 Vgl. Homepage der Initiative, https://radentscheid-stuttgart.de/ („Unsere Erfolge“). In der Landeshauptstadt waren zwar Unterschriften gesammelt worden, das Verfahren jedoch unzulässig, so dass eine unmittelbare (rechtliche) Kausalität ausscheidet und es sich nicht um einen formalen Abhilfebeschluss handelte, vgl. Ayerle, Stuttgarter Zeitung v. 15.1.2019.

Anhang: Bürger- und Ratsbegehren in Ludwigsburg (Stand: März 2022)

Lfd. Nr.	Jahr	Art	Initiator	Gegenstand	Ergebnis Bürger- bzw. Ratsbegehren	Datum Bürger-entscheid	Ergebnis Bürger-entscheid	Sonstiges
1	1981	Bürger-begehren	Bürgeraktion	Bau einer Stadthalle (gegen Beschluss des Gemeinderats v. 25.1.1983)	6.567 gültige Unterschriften	26.6.1983	14.712 Ja, 11.402 Nein, 32 ungültig (Quorum verfehlt)	Gemeinderat bestätigte am 29.6.1983 seinen Beschluss v. 25.1.1983
2	1983	Rats-begehren	Minderheit von SPD-Stadträten	Bau einer Stadthalle	10 Ja-Stimmen, 29 Nein-Stimmen, 1 Enthaltung	--	--	--
3	1998	Bürger-begehren	Interessengemein-schaft „Lebendiges Ludwigsburg“	Umgestaltung der innerstädtischen Verkehrsachsen (gegen Beschluss des Gemeinderats v. 21.10.1998)	5.108 gültige Unterschriften, aber unzulässiger Gegenstand	--	--	Unzulässiges Bb. führte zu Änderung Hauptsatzung und Rb.
4	1999	Rats-begehren	Fraktion FWV	Umgestaltung der innerstädtischen Verkehrsachsen	39 Ja-Stimmen, 0 Nein-Stimmen, 0 Enthaltungen	21.3.1999	8.929 Ja, 17.164 Nein, 39 ungültig (Quorum verfehlt)	keine neue Entscheidung des Gemeinderats vor Kommunalwahl am 24.10.1999
5	2013	Bürger-begehren	anonymer Flugblattschreiber	Sandskulpturenausstellung	--	--	--	--
6	2020	Bürger-begehren	Klimawende von unten	Fahrradfreundliche Kommune („Radentscheid“)	--[203]	--	--	--

203 Bisher nur angekündigt, eine spätere Verwirklichung erscheint jedoch nicht ausgeschlossen.

Literaturverzeichnis*

Aker, Bernd/Hafner, Wolfgang/Notheis, Klaus: Gemeindeordnung, Gemeindehaushaltsverordnung Baden-Württemberg, Kommentar, Stuttgart u.a. 2013 (zit.: Aker/Hafner/Notheis-Bearbeiter)

Allgöwer, Renate: Das Bürgerbegehren ist knapp gescheitert, Mehrheit lehnt Pläne des Ludwigsburger Gemeinderats ab, Meldung der Stuttgarter Zeitung v. 22.3.1999, S. 21

Ante, Christian: Chancen und Risiken direkter Demokratie, Direktdemokratische Partizipation auf kommunaler Ebene in Deutschland und der Schweiz (jur. Diss. Gießen 2014), Baden-Baden 2015

Ardelt, Alfred: Bürgerentscheid, Bürgerbegehren und -anregung („Bürgerantrag") in Baden-Württemberg, in: Kühne, Jörg-Detlef/Meißner, Friedrich (Hrsg.), Züge unmittelbarer Demokratie in der Gemeindeverfassung, Göttingen 1977, S. 91 ff.

Ders.: Erfahrungen mit Bürgerentscheid und Bürgerbegehren auf Grund von § 21 der Gemeindeordnung für Baden-Württemberg, phil. Diss. Heidelberg 1960

Ayerle, Nina: Gutachten: Radentscheid ist unzulässig, Meldung der Stuttgarter Zeitung v. 15.1.2019, online verfügbar unter https://www.stuttgarter-zeitung.de/inhalt.radfahren-in-stuttgart-gutachten-radentscheid-ist-unzulaessig.40c4a413-e0f2-4f14-acbf-4988f280d2a8.html?reduced=true

Beilharz, Günter: Politische Partizipation im Rahmen des § 21 der Gemeindeordnung von Baden-Württemberg (phil. Diss. Tübingen 1980), Tübingen 1981

Bocklet, Reinhold: Bürgerbegehren und Bürgerentscheid - Elemente direkter Demokratie in der Gemeindeordnung von Baden-Württemberg, in: Der Bürger im Staat 1975, S. 49 ff.

Bornemann, Manfred: Aufsichtsbehörde springt OB bei, Meldung der Stuttgarter Zeitung v. 2.8.1999, S. 19

Bützer, Michael: Direkte Demokratie in Schweizer Städten (phil. Diss. Zürich 2006), Baden-Baden 2006

Burkhardt, Werner: Die rechtliche Ordnung des Bürgerentscheids, Bürger- und Ratsbegehren nach dem baden-württembergischen Kommunalrecht (jur. Diss. Freiburg 1987), Freiburg 1987

Christmann, Anna: Das Vorbild unter der Lupe, Sachunmittelbare Demokratie in der Schweiz, in: Neumann, Peter/Renger, Denise (Hrsg.), Sachunmittelbare Demokratie im interdisziplinären und internationalen Kontext 2009/2010, Baden-Baden 2012, S. 154 ff.

Curtius, Julius: Über die Einführung von Volksinitiative und Volksreferendum in die neuen Verfassungen der deutschen Staaten, Heidelberg 1919

Detjen, Joachim: Demokratie in der Gemeinde - Bürgerbeteiligung an der Kommunalpolitik in Niedersachsen, Hannover 2000

Dreier, Horst/Wittreck, Fabian: Repräsentative und direkte Demokratie im Grundgesetz, in Feld, Lars P./Huber, Peter M. /Jung, Otmar/Welzel, Christian/Wittreck, Fabian (Hrsg.), Jahrbuch für direkte Demokratie 2009, Baden-Baden 2010, S. 11 ff.

---

* Der letzte Aufruf aller Online-Quellen erfolgte am 1.3.2022.

Dreßler, Ulrich: Kommunalpolitik in Hessen, in: Kost, Andreas/Wehling, Hans-Georg (Hrsg.), Kommunalpolitik in den deutschen Ländern, Wiesbaden 2003, S. 131 ff.

Dustmann, Ulrike: die Regelungen von Bürgerbegehren und Bürgerentscheid in den Kommunalverfassungen der Flächenstaaten der Bundesrepublik Deutschland (jur. Diss. Göttingen 2000), Frankfurt a.M. u.a. 2000

Engeli, Christian: Volksbegehren und Volksentscheid im Kommunalverfassungsrecht der Weimarer Zeit, in: AfS 25 (1985), S. 299 ff.

Engeli, Christian/Haus, Wolfgang: Quellen zum modernen Gemeindeverfassungsrecht in Deutschland, Stuttgart u.a. 1975

Fischer, Hans-Georg: Bürgerbegehren und Bürgerentscheid - ein neues Element unmittelbarer Demokratie in der Kommunalverfassung von Nordrhein-Westfalen, in: NWVBl. 1995, S. 366 ff.

Gern, Alfons, Kommunalrecht Baden-Württemberg, 7. Aufl., Baden-Baden 1998

Gerstein, Dietmar: Das Funktionieren der unmittelbaren Demokratie in rechtsvergleichender Sicht (jur. Diss. Lausanne 1968), München 1969

Gönnenwein, Otto: Gemeinderecht, Tübingen 1963

Greene, Lee Seifert: Direct Legislation in Germany, Austria and Danzig (phil. Diss. Wisconsin/USA 1934), in: Kühne, Jörg-Detlef/Neumann, Peter/Schmidt, Christopher (Hrsg.), Direkte Demokratie unter Berücksichtigung der Kommunen der Weimarer Republik, Baden-Baden 2012, S. 15 ff.

Hendler, Reinhard: Zu den Vorzügen und Nachteilen verstärkter Bürgerbeteiligung auf kommunaler Ebene, Der Landkreis 1995, S. 321 ff.

Herbel, Ilona Christine: Unmittelbare Bürgerbeteiligung an Sachentscheidungen auf Landes- und Kommunalebene in Baden-Württemberg (jur. Diss. Mannheim 2003), Hamburg 2003

Hernekamp, Karl: Formen und Verfahren direkter Demokratie (jur. Diss. Hamburg 1978), Frankfurt a. Main 1979

Höhn, Tim: Die Sommerausstellung fällt aus, Meldung der Stuttgarter Zeitung v. 9.5.2015, online verfügbar unter https://www.stuttgarter-zeitung.de/inhalt.mhp-arena-in-ludwigsburg-die-sommerausstellung-faellt-aus.00882e46-c5ee-42b3-8ffe-39de0cf128d4.html

Ders.: Streit umd Sandskulpturen in Ludwigsburg, Partymeile oder Wohlfühloae?, Meldung der Stuttgarter Zeitung v. 24.3.2013, online verfügbar unter https://www.stuttgarter-zeitung.de/inhalt.streit-um-sandskulpturen-in-ludwigsburg-partymeile-oder-wohlfuehloase.83876331-f499-407e-a338-a82d74dd7f99.html

Holtkamp, Lars: Direktdemokratie oder Konkurrenzdemokratie - eine „explosive" Mischung?, in: Vetter, Angelika (Hrsg.), Erfolgsbedingungen lokaler Bürgerbeteiligung, Wiesbaden 2008, S. 103 ff.

Horn, Friedhelm: Ist eine Stadthalle heute noch zeitgemäß? Untersuchung am praktischen Beispiel des Projekts der Stadt Ludwigsburg, Abschlussarbeit für die Prüfung zum Betriebswirt, Ravensburg 1983

Ipsen, Jörn: Die Entwicklung der Kommunalverfassung in Deutschland, in: Mann, Thomas/Püttner, Günter (Hrsg.), Handbuch der kommunalen Wissenschaft und Praxis, Bd. 1: Grundlagen und Kommunalverfassung, S. 565 ff.

Kromer, Michael: Bürgerbeteiligung in der Gemeinde - ein systematischer Überblick, in: DVBl 1985, S. 143 ff.

Kühne, Jörg-Detlef: Zur Typologie und verfassungsrechtlichen Einordnung von Volksabstimmungen - eine rechtsvergleichende Einführung, in: Kühne, Jörg-Detlef/Meißner, Friedrich (Hrsg.), Züge unmittelbarer Demokratie in der Gemeindeverfassung, Göttingen 1977, S. 17 ff.

Kunze, Richard/Bronner, Otto/Katz, Alfred: Gemeindeordnung für Baden-Württemberg, Kommentar, Stuttgart (Stand: 16. Lfg., 1981)

Maier-Stein, Peter: Verfahren, Kommentar der Ludwigsburger Kreiszeitung v. 23.4.1999, S. 3

Mann, Thomas: Rechtsschutz bei Bürger- und Volksbegehren in Deutschland, in: Neumann, Peter/Renger, Denise (Hrsg.), Sachunmittelbare Demokratie im interdisziplinären und internationalen Kontext 2008/2009, Baden-Baden 2010, S. 79 ff.

Müller, Kerstin: Bürgerbegehren und Bürgerentscheid in Delmenhorst - 1996 bis 2006, Baden-Baden 2010

Neumann, Peter: Bürgerbegehren und Bürgerentscheid, in: Mann, Thomas/Püttner, Günter (Hrsg.), Handbuch der kommunalen Wissenschaft und Praxis, Bd. 1 Grundlagen und Kommunalverfassung, 3. Aufl., Berlin u.a. 2007, S. 353 ff. (zit.: Hdb.d.komm.WuP)

ders.: Sachunmittelbare Demokratie im Bundes- und Landesverfassungsrecht unter besonderer Berücksichtigung der neuen Länder (jur. Diss. Köln 2006), Baden-Baden 2009

Paust, Andreas: Direkte Demokratie in der Kommune - Zur Theorie und Empirie von Bürgerbegehren und Bürgerentscheid (phil. Diss. Hagen 1999), Bonn 2000

Przygode, Stefan: Die deutsche Rechtsprechung zur unmittelbaren Demokratie (jur. Diss. Köln 1993), Baden-Baden 1995

Ritgen, Klaus: Bürgerbegehren und Bürgerentscheid (jur. Diss. Bonn 1997), Baden-Baden 1997 (zit.: Ritgen)

Ders.: Zu den thematischen Grenzen von Bürgerbegehren und Bürgerentscheid, in: NVwZ 2000, S. 129 ff.

Schiller, Theo: Direkte Demokratie - Eine Einführung, Frankfurt a.M. u.a. 2002

Schlüter, Bernhard: Das Gemeinderecht in der neueren Rechtsprechung des VGH Baden-Württemberg, in: VBlBW 1987, S. 54 ff.

Schmidt, Christopher: Bürgerbegehren und Bürgerentscheid im mittel- und süddeutschen Raum der Weimarer Republik, in: Neumann, Peter/Renger, Denise (Hrsg.), Sachunmittelbare Demokratie im interdisziplinären und internationalen Kontext 2009/2010, Baden-Baden 2012, S. 73 ff.

Ders. (Hrsg.): Bürgerbegehren und Bürgerentscheid in Freiberg - 1999 bis 2008, Baden-Baden 2019 (zit.: Schmidt, Freiberg)

Ders. (Hrsg.): Bürgerbegehren und Bürgerentscheid in Stuttgart - 1956 bis 2018, Baden-Baden 2018 (zit.: Schmidt, Stuttgart)

Ders. (Hrsg.): Bürgerbegehren und Bürgerentscheid in Tübingen - 1972 bis 2020, Baden-Baden 2020 (zit.: Schmidt, Tübingen)

Ders.: Unmittelbare Gemeindedemokratie im mittel- und süddeutschen Raum der Weimarer Republik, Eine Untersuchung von Verfahren und Praxis (jur. Diss. Hannover 2006), Baden-Baden 2007 (zit.: Schmidt)

Schroeder, Henrik: Die Sperrwirkung und das Sicherungsrecht des Bürgerbegehrens (jur. Diss. Regensburg 2001), Osnabrück 2001

Seeger, Richard: Bürgerentscheid, Bürgerbegehren und -anregung („Bürgerantrag") in Baden-Württemberg, in: Kühne, Jörg-Detlef/Meißner, Friedrich (Hrsg.), Züge unmittelbarer Demokratie in der Gemeindeverfassung, Göttingen 1977, S. 103 ff.

Ders.: Bürgerbegehren und Bürgerentscheid in Baden-Württemberg, in: ZParl 1988, S. 516 ff.

SPD-Ortsverein Ludwigsburg (Hrsg.): 100 Jahre SPD Ludwigsburg, 1891-1991, Erdmannshausen 1991

Spies, Ute: Bürgerversammlung, Bürgerbegehren, Bürgerentscheid (jur. Diss. Marburg 1999), Stuttgart u.a. 1999

Stiel, Arnd Peter: Möglichkeiten und Grenzen der Bürger- und Einwohnerbeteiligung - Darstellung der plebiszitären Elemente der nordrhein-westfälischen Gemeindeordnung unter Bezugnahme auf die Regelungen in den Gemeindeordnungen der übrigen Bundesländer, jur. Diss. Duisburg 1996

Waibel, Gerhard: Gemeindeverfassungsrecht Baden-Württemberg, 5. Aufl., Stuttgart 2007

Wehling, Hans-Georg: Kommunalpolitik in Baden-Württemberg, in: Frech, Siegfried/Weber, Reinhold (Hrsg.), Handbuch Kommunalpolitik, Stuttgart 2009, S. 9 ff.

Wessels, Thomas: Rechtliche Beurteilung der Ausnahmetatbestände und deren Umgehungsgefahr bei Bürgerbegehren und Bürgerentscheid (jur. Diss. Kiel 2012), Baden-Baden 2013

Witte, Jan H.: Unmittelbare Gemeindedemokratie in der Weimarer Republik – Verfahren und Anwendungsausmaß in den norddeutschen Ländern (jur. Diss. Hannover 1996), Baden-Baden 1997

Wollmann, Hellmut: Institutionenbildung in Ostdeutschland, Neubau, Umbau und „schöpferische Zerstörung“, in: Kaase, Max/Eisen, Andreas/Gabriel, Oscar W./Niedermeyer, Oskar/Wollmann, Hellmut, Politisches System, Opladen 1996, S. 155 ff.

Ziegler, Josef: Bürgerbeteiligung in der kommunalen Selbstverwaltung, Würzburg 1974

Zylla, Jörn: Bürgerbegehren und Bürgerentscheid in Dresden - 1992 bis 2009, Baden-Baden 2010

Zeitfracht Medien GmbH
Ferdinand-Jühlke-Straße 7
99095 Erfurt, Deutschland
produktsicherheit@kolibri360.de